QUERIDA MAMÁ: ME DUELES

MARTA SEGRELLES

QUERIDA MAMÁ: ME DUELES

Sana tu relación madre-hija y pon límites que te cuiden

BRUGUERA

Papel certificado por el Forest Stewardship Council®

Primera edición: abril de 2024
Segunda reimpresión: octubre de 2025

© 2024, Marta Segrelles Fernández
© 2024, Penguin Random House Grupo Editorial, S. A. U.
Travessera de Gràcia, 47-49. 08021 Barcelona
Imágenes de interior: iStock

Penguin Random House Grupo Editorial apoya la protección de la propiedad intelectual. La propiedad intelectual estimula la creatividad, defiende la diversidad en el ámbito de las ideas y el conocimiento, promueve la libre expresión y favorece una cultura viva. Gracias por comprar una edición autorizada de este libro y por respetar las leyes de propiedad intelectual al no reproducir ni distribuir ninguna parte de esta obra por ningún medio sin permiso. Al hacerlo está respaldando a los autores y permitiendo que PRHGE continúe publicando libros para todos los lectores. Ninguna parte de este libro puede ser utilizada o reproducida con el propósito de entrenar tecnologías o sistemas de inteligencia artificial. PRHGE se reserva expresamente la reproducción, la extracción y el uso de esta obra y de cualquiera de sus elementos para fines de minería de textos y datos y el uso a medios de lectura mecánica u otros medios que resulten adecuados (art. 67.3 del Real Decreto Ley 24/2021). Diríjase a CEDRO (Centro Español de Derechos Reprográficos, http://www.cedro.org) si necesita reproducir algún fragmento de esta obra.
En caso de necesidad, contacte con: seguridadproductos@penguinrandomhouse.com

Printed in Spain – Impreso en España

ISBN: 978-84-02-42929-2
Depósito legal: B-1.727-2024

Compuesto en Comptex & Ass., S. L.
Impreso en Rodesa
Villatuerta (Navarra)

BG 2 9 2 9 2

A Marisa y a Mary, mi madre y mi abuela, por haber sido abrazo en las caídas siempre que os fue posible

A todas las hijas que me vais a leer. Ojalá al terminar el libro estéis más cerca de ser la adulta que una vez necesitasteis

ÍNDICE

Nota sobre la gramática y los sucesos descritos en el libro 13
Antes de empezar. Narrar nuestra historia para sanar nuestra herida 15
Introducción. Querida mamá: me dueles 17

1. ¿Soy una mala hija? 37
   El abrazo en la caída: lo que dice nuestro apego sobre la relación 39
   Quiéreme cuando te diga que eres la peor madre del mundo 49
2. Antes de ti: la vida de la mujer antes de la madre y el trauma generacional 57
   La mochila de mamá y tus aprendizajes 61
   ¿Qué impacto tiene el trauma de tu madre en ti? . . 67
   El impacto de la herida en la seguridad recibida . . . 73
3. La importancia de un apego seguro 81
   Una conexión emocional única 84
   De madres a madres y de hijas a hijas 88

Tu ventana de tolerancia 90
La importancia de un apego seguro 99
4. Mamá, ¿dónde estás?: ausencia y vacío 105
No vuelvas a hacerme esto, por favor 105
Dime la verdad, voy a poder con ella 107
Prueba a sentir el vacío antes de llenarlo 112
Ser «huérfana» de una madre viva 116
5. Mamá, no quiero ser como tú: el rechazo al legado, herencias, repeticiones y excepciones. 127
Aceptarse no es resignarse 127
Aceptar es actuar para cuidarnos. 129
Si nunca lo tuve, no lo puedo echar de menos… ¿O sí? 131
En su lugar, yo lo habría hecho mucho mejor 135
De fuera hacia dentro: las heridas culturales que cargamos 138
Romper el molde 143
6. El poder de conocer cómo os relacionáis: salir del juego relacional 149
Desde dónde nos relacionamos: el modelo PAN. 153
La economía de las caricias 159
El triángulo dramático. 163
La triangulación 172
7. Entre madres e hijas adultas: en busca de amor 177
Una búsqueda desesperada. 181
El miedo a encontrar lo que buscamos 187
Relacionarse desde la adulta, relacionarse desde la niña 192

8. Ojalá no sepas de qué hablo: sobre vínculos y dinámicas con ausencia de buen trato 197
Un dolor indescriptible: cuando la madre es el verdugo. 201
En busca del afecto deseado: la mentira de que debemos ganarnos el amor 203
Experiencias adversas en la infancia: estresores importantes que desvirtúan el vínculo. 210
Inmadurez emocional, narcisismo o trastorno límite: comportamientos y daños 217
9. La esperanza de que eso cambie: de la relación ideal a la relación real 231
El poder de una disculpa de verdad. 232
Cuando la reparación no es cosa de dos: aprender a poner límites. 239
El elefante encadenado 246
Tus preguntas acerca de la madre 252
10. Ser la adulta que necesitaste 261
La madre que hay en ti 272
Ser o no ser madre 276

Epílogo. Querida tú 287
Bibliografía. 297
Agradecimientos. 301

NOTA SOBRE LA GRAMÁTICA Y LOS SUCESOS DESCRITOS EN EL LIBRO

Es importante que sepas que durante la redacción de este libro he intentado usar, siempre que ha sido posible, un **lenguaje inclusivo**.

Además, en el texto empleo el femenino tanto en las interpelaciones a quien tiene el libro en sus manos como en la voz narrativa: la mayor parte de las personas que atiendo en consulta y que muestran interés por el contenido que creo son **mujeres**.

Asimismo, al tratarse de un relato en torno a la relación maternofilial, ser yo misma una hija ha hecho que me resultara mucho más sencillo hablar en femenino.

No obstante, este libro es para cualquier persona que desee leerlo, independientemente de su identidad y expresión de género. Muchos de los conceptos y experiencias que recojo en estas páginas también **pueden darse en otras relaciones** diferentes al binomio madre-hija.

Las situaciones y casos que relato están basados en hechos reales, aunque, por supuesto, las protagonistas de todos ellos aparecen con **nombres ficticios** y, sus relatos, ligeramente modificados para preservar su intimidad.

De antemano lamento si, durante la lectura, sientes que las experiencias que aparecen aquí recogidas no reflejan la tuya, o si sientes que no te representan por completo: he escrito este libro tratando de aportar la máxima diversidad a partir de las historias que conozco de una forma directa o indirecta. Si es tu caso, espero de todo corazón que sepas que, aun así, **tu vivencia es válida**, aunque yo no hable de ella explícitamente.

En ocasiones describo el modelo tradicional de familia, me refiero a un padre y una madre, pues son las historias de las personas adultas que atiendo mayoritariamente. Además, en este libro ha sido de vital importancia representar este modelo para hablar de la **estructura patriarcal** en el rol de mujer-madre.

Con todo, en la práctica clínica tengo presentes otros modelos familiares desde una perspectiva inclusiva (familias monoparentales, homoparentales, de acogida, de adopción, reconstituidas...) y soy respetuosa con las intersecciones posibles.

Por otro lado, es bastante probable que, a medida que avances en la lectura, sientas que se **te remueven ciertas heridas** o que aparecen en ti algunas sensaciones incómodas de sostener.

Aunque el libro está pensado para hacer un recorrido progresivo por la relación madre-hija y lo que esta conlleva, si sientes que es demasiado para ti en este momento, **te recomiendo que pares y pidas ayuda si lo consideras necesario**.

No encontrarás en este libro una guía de la manera correcta de relacionarte: esto atiende a tus necesidades como hija y se repara en **terapia psicológica** de forma individual y personalizada.

Por último, date permiso para leer y para dejar de hacerlo; este libro ya es tuyo y puedes retomarlo cuando quieras. Recuerda que no hay un destino al que llegar, sino que tienes por delante un camino que empezar.

ANTES DE EMPEZAR

NARRAR NUESTRA HISTORIA PARA SANAR NUESTRA HERIDA

Querida mamá:
esta carta es para ti.
Todavía no sé si te la daré o si me la guardaré para mí y nunca llegarás a leerla.
Desde hace tiempo, al pensar en nuestra relación, me he centrado en ti, pero esta vez, por primera vez, quiero hablar desde mi experiencia y de lo que necesito.
Creo que ha llegado el momento de que pueda sacar todo lo que llevo dentro.
Ha llegado la hora de escribir unas líneas que me permitan soltar el dolor y reconciliarme conmigo misma. De tener la voz protagonista en esta historia.
Sé que no será fácil ni cómodo, pero creo que es lo que necesito.
Probablemente haya partes del camino en las que te dé las gracias, o no. Y quizá haya otras partes en las que reconozca y asuma el daño y las heridas, y de ahí nazca un cambio, o no.
No sé adónde me llevará todo esto, pero confío en que nada malo me va a traer apostar por mí.

Sé que hay tantas relaciones madre-hija como madres e hijas hay en el mundo, y por eso, a partir de ahora, buscaré no compararme con nadie, aunque a veces sea inevitable hacerlo al pensar en ti.
Mamá, hay tantas cosas que me gustaría decirte...
Y creo que lo más importante no es que tú, mamá, me oigas o me leas, sino que yo tenga el valor de saber cómo me he sentido y me siento, y saber en realidad qué es lo que te diría.

Muchas de las experiencias que relataré en ocasiones pueden estar silenciadas por la falta de espacios seguros que hubo o que hay para contarlas, así que, si es tu caso, déjame que, como en la carta anterior, durante estas páginas sea tu voz para que luego, al resonar con la mía, puedas usar la tuya propia.

INTRODUCCIÓN

QUERIDA MAMÁ: ME DUELES

Solo escribir esta frase me trae a la mente una multitud de sensaciones y recuerdos (no solo míos, también de aquellos a quienes he acompañado en su proceso terapéutico), todos ellos muy profundos. Estas cuatro palabras, tan directas, tan punzantes, tan reales, describen lo que algunas personas sienten cuando me hablan de la relación con su madre: **la ambivalencia y la contradicción en el vínculo**.

Por un lado, el «querida mamá» refleja cuánto les gustaría que las cosas en su relación fueran distintas. **Es la voz de la niña interior**, esa parte de ti más vulnerable y sensible que ha vivido las experiencias más agradables y desagradables de tu infancia. Es una voz que nace del amor y del deseo de cercanía; puede ser la voz que se aferra a esa imagen de la madre que quería tener, la que se formó en su infancia, a veces idealizada, porque todavía quiere que las cosas funcionen como imagina que deberían funcionar; porque tiene la esperanza de que ella vaya a cambiar y sea la persona que finalmente las cuide, las acepte y las quiera. Que sea la figura de apego y seguridad que tanto necesitó en la infancia.

Por otro lado, el «me dueles» es el rastro del impacto de lo que ocurrió y que, probablemente, sigue ocurriendo, incluso en las situaciones más cotidianas. **Es el eco de las heridas generadas en el vínculo**: todas aquellas experiencias adversas que no nos dejaron indiferentes a ninguna y que hoy siguen cargando e intentando sanar, y que con tanta frecuencia les duelen o generan malestar en el presente.

A diferencia de lo que solemos pensar cuando oímos hablar de relaciones disfuncionales entre madres e hijas, no es necesario haber vivido situaciones graves y extremas (traumas con T mayúscula, que contaré a continuación) para que sepas de lo que hablo. A veces podemos vernos identificadas con esta frase sintiendo sencillamente que **no tenemos la peor relación con nuestra madre, pero tampoco la mejor, y no sabemos bien por qué**. Y, ay, cuánto nos gustaría que nuestra madre fuese la que tenemos en la cabeza, que fuese todo lo que ansiamos y más.

De traumas y heridas

El **trauma con T mayúscula** hace referencia a un evento puntual que ha superado nuestros recursos para poder afrontarlo y regularnos, como una guerra, un accidente de coche, un desastre natural...

El **trauma con t minúscula**, por su parte, hace referencia a los hechos que, de manera repetida, han impactado en el vínculo y han puesto en peligro nuestra integridad física o emocional, como no recibir un buen trato.

Cómo se ve el trauma con T mayúscula en nuestra vida:

Cómo se ve el trauma con t minúscula en nuestra vida:

Algunas de estas situaciones son inevitables. Lo que hace que logremos integrarlas bien o no durante la infancia es el acompañamiento que recibimos tanto durante el evento como durante sus consecuencias. Y, cuando hablamos de heridas maternas, el problema radica en que, en la mayoría de las ocasiones, **nos hemos enfrentado a estas experiencias solas**.

Cuando un trauma con t minúscula y de carácter relacional se repite una y otra vez, se convierte en un **«trauma complejo»**. Este es el resultado de haber estado expuestas de forma reiterada o prolongada a múltiples formas de trauma interpersonal, a menudo, en circunstancias en las que no es posible escapar debido a limitaciones físicas, psicológicas, madurativas, familiares, ambientales o sociales.

La repercusión de este trauma o herida relacional en la infancia se puede manifestar en la vida adulta a través de muchos síntomas: nuestros pensamientos y diálogo interno (el bucle mental o la rumiación, la forma en que nos criticamos y nos juzgamos a nosotras mismas, la rigidez con la que nos tratamos y el perfeccionismo al que aspiramos), imágenes, recuerdos, conductas (la impulsividad o la irritabilidad), generándonos sensaciones corporales (insomnio, problemas digestivos, bruxismo) o emociones. Cuando el trauma sucede y no conseguimos elaborarlo, se queda en nuestro cuerpo de manera fragmentada. Por ello, a través de la integración en terapia buscamos darle sentido a la experiencia y crear una historia ordenada alrededor que nos permita sanar la herida.

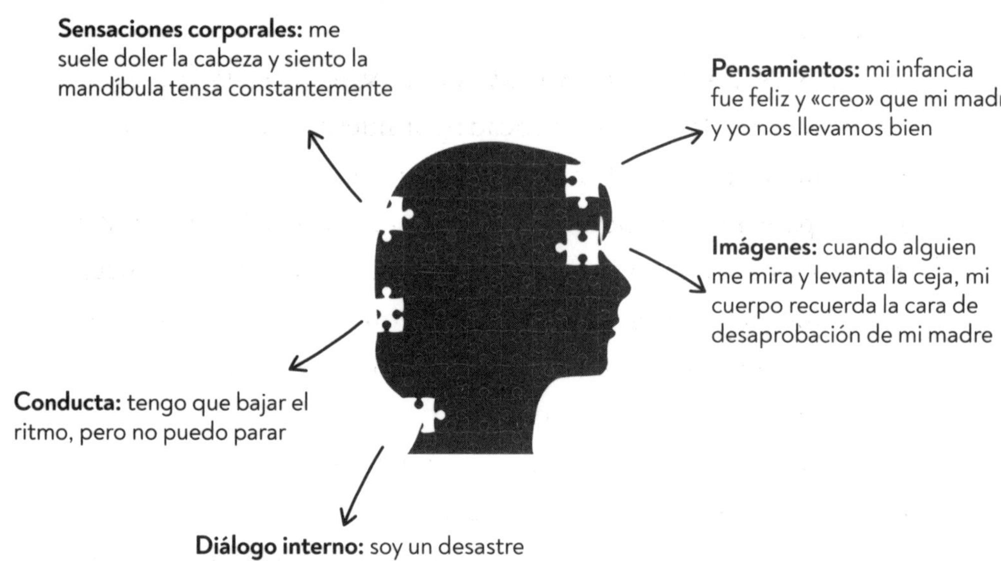

A veces, pese a tener toda esta información a nuestro alcance, no podemos acceder a ella para construir un relato que una los hechos del pasado con las consecuencias en el presente porque algunos de estos aspectos todavía aparecen de manera inconsciente. Tomar conciencia de ellos es un paso necesario para sanar nuestra herida materna, una herida relacional.

Las **heridas relacionales** son heridas que la mayoría de las veces invalidamos porque no vemos el impacto ni las consecuencias a simple vista. No hay ninguna cicatriz en tu piel que cuente lo difícil que era sentirte invadida o sentirte sola cuando eras solo una niña o una adolescente, ninguna señal en tu cuerpo que cuente al mundo lo duro que era escuchar los juicios o críticas que recibías de una de tus principales figuras de referencia mientras crecías, o sentir que no cumplías sus expectativas.

Esto es especialmente así en el vínculo madre-hija. Muchas veces, la herida provocada por nuestra madre está oculta y, si no la sacamos a la luz, es difícil que esa relación pueda ser lo más parecida a como nos gustaría. A pesar de ello, la realidad es que casi todas las personas tenemos este tipo de heridas, pero cargamos con ellas en silencio, junto con el dolor y el malestar que nos provocan. Seguramente, la relación que tenemos con nuestra madre no es la que queremos.

Cuando Bruguera me propuso escribir este segundo libro sobre este tema en concreto, supe que no sería una tarea fácil; me asustó pensar que me pudieran considerar una «odiadora» de madres, pero mi intención siempre será darles voz a esas heridas y promocionar el buen trato hacia la niña que fuimos y la adulta que somos. Mi primer libro, *Abraza a la niña que fuiste*, busca ayudarte a reconectar con tu niña interior e integrar las experiencias emocionales adversas de tu infancia, en general, para sanar el malestar del presente. Pero en esta ocasión iremos más allá: hablar de las heridas maternas no es nada fácil, porque son heridas muy profundas y que nos cuesta mucho reconocer. **¿Cómo va a ser fácil asumir el daño y aceptar el dolor que proviene de la persona que, según la sociedad, más nos quiere en el mun-**

do; aquella que nos ha dado la vida y que debería cuidarnos y querernos contra viento y marea?

Cuando compartí con mi familia y mis amigos la noticia de que escribiría este libro, todos y cada uno de ellos me respondieron con una frase del estilo: «Uf, qué temazo». Y al oír esas palabras, añadía para mis adentros: «Sí, pero claro, escribir sobre ello… ¡Menudo retazo!». Muchos de ellos se ofrecieron a contarme sus historias personales y pasarme notas de sus experiencias; así que, aunque no lo expongamos, parece que la mayoría lo hemos sufrido o conocido de cerca. Desde aquí quiero darles las gracias a todos ellos por confiar en mí y en este libro. Con sus relatos, han aportado un granito de arena muy importante para muchas de las personas que leen estas líneas.

EJERCICIO

Antes de empezar, tú, que tienes este libro en tus manos, piensa en qué te llamó la atención de él y qué te ha llevado a leerlo, e intenta responderte a las siguientes preguntas.

¿Qué esperas descubrir?

....

....

....

....

....

....

¿Cuál es la información que tienes disponible sobre tu madre y vuestra relación? ¿Cómo la describirías a grandes rasgos?

....

....

....

....

....

....

....

....

....

....

....

¿Cuáles son los cambios que te gustaría ver en ti respecto a vuestra relación?

....

....

....

....

....

....

....

....

....

....

....

Ahora deja que te cuente una anécdota que viene muy al caso: en mi casa, a raíz de divulgar sobre el impacto de las heridas infantiles en nuestra vida adulta, mis padres me dijeron medio en broma, medio a modo de reflexión, que habían recordado algunas situaciones de mi infancia, aquellas que tal vez me generaron malestar, y que no les extrañaba que tuviese tanto material para seguir escribiendo sobre esas heridas. Uno de esos episodios ocurrió durante un viaje a Disneyland París, adonde fuimos los tres después de celebrar mi primera comunión. Por altura, no me pude subir a una montaña rusa del parque, pero mis padres sí querían hacerlo, y lo hicieron sin mí. Cuando recordamos el momento, hablaron entre sí y se preguntaron: «¿Dónde se quedó Marta?».

«Creo que me quedé abajo, con las mochilas. Me dijisteis por dónde ibais a salir, y me quedé ahí sola, sentada, esperando». Aunque no recordaba esa situación puntual como una experiencia traumática, probablemente describa muchas escenas de infancia que se repitieron y en las que la soledad fue mi compañera.

Cuando hice una presentación de mi primer libro en Terrassa, la ciudad donde nací, compartí esta anécdota y, entre las asistentes, hablamos de un aspecto que me parece importante rescatar: el cambio que ha habido de una generación a otra en relación con la información disponible sobre los aspectos emocionales en la crianza o la propia salud mental. Quizá mis padres no la tuvieron a la vez que yo tampoco la tuve con quince años, a diferencia de una chica de esa edad que vino con el libro ya leído a la presentación para que se lo firmase y diciéndome lo mucho que le había hecho pensar y le había gustado.

Creo que este ha sido el punto más importante al revisar los recuerdos de mi infancia en terapia, reconocer el miedo y el dolor que mi niña interior pudo y puede sentir cuando aparece el malestar al recordar algunas escenas.

Al escribir estas líneas me doy cuenta de ese gran hallazgo. Gracias a que, en la terapia, hallé **un lugar seguro donde me permití sentir todas las emociones y narrar la historia con mi voz**, dejé de sentir rabia por lo ocurrido y empecé a sentir compasión por mí, por la niña que fui. (Aunque, evidentemente, también puede aparecer la rabia al recordar escenas injustas, siento que la compasión es la que mejor recoge mi dolor).

Te cuento esto y sería natural que hubiera una parte de mí enfadada que dijera: «Jolín, menudos irresponsables, ¿tan importante era una montaña rusa como para ponerme en riesgo dejándome sola?». Sin embargo, conecté mucho más con «Pobrecita, igual pasó miedo y tuvo que hacer ver que todo estaba bien y manejar sola esa situación mientras los esperaba». Esta reflexión, como te decía, me hizo darme cuenta de que **los recuerdos que más dolían de mi infancia tenían que ver con la soledad**, con que nadie viera mi malestar o que, si se veía, quizá no se comprendiese o se invalidase, y de quien más esperaba esto, seguramente era de mi madre.

Todas las caras del yo

Seguramente te habrás dado cuenta de que he hablado de distintas partes de mí cuando te contaba la anécdota y la posterior reflexión. Este lenguaje hace referencia a un enfoque terapéutico integrador y compasivo para trabajar el trauma relacional: el **modelo de los sistemas de la familia interna** *(Internal Family System*, o IFS por sus siglas en inglés). Este libro se basa en sus aportaciones.

Richard C. Schwartz, su creador, es un psicólogo clínico estadounidense que, con este enfoque, buscaba explicar las contradicciones en la recuperación de los trastornos de la conducta alimentaria. Schwartz se dio cuenta de que había unos **patrones en la forma en que se describían las personas a las que acompañaba**, aludiendo a partes o diferentes versiones de nosotras mismas que interactúan entre sí, y descubrió que, cuando las partes en tensión de estas personas se sentían seguras y se les permitía relajarse, experimentaban confianza y compasión, cualidades inherentes del *self*, nuestro verdadero yo, y a las que necesitamos acceder para reparar las heridas y fomentar el equilibrio emocional.

Como si se tratase de los integrantes de una familia, durante nuestra infancia y adolescencia las partes internas de nuestra personalidad pueden asumir roles extremos cuando aparece el trauma relacional con la intención (positiva) de protegernos en un momento en que no tenemos otros recursos que se ajusten y puedan hacer frente a la magnitud de una determinada situación. Al llegar a la vida adulta, esas partes no saben que has crecido, que puedes darte lo que necesitas, y siguen empeñadas en cumplir sus funciones originales.

En muchos casos, las estrategias que siguieron esas partes en la infancia o en la adolescencia para que sobreviviéramos, hoy en día necesitan de una actualización porque nos están limitando.

Cuando la persona de referencia en la infancia, como a menudo lo es nuestra madre, no se hace cargo de algunas partes de su personalidad (de los miedos de sus partes protectoras, por ejemplo), en esa etapa de la vida nos sentimos confusas, asumimos la responsabilidad y tratamos de darle sentido por nuestra cuenta. Si mamá nos grita y luego no asume su responsabilidad ni se disculpa por ello, creceremos pensando que hay algo malo en nosotras y que ha tenido motivos para hacerlo, o que carecemos de algo para ponerla de buen humor. Esto, con el tiempo, puede dar lugar a que desarrollemos una actitud complaciente en la vida adulta: pensamos que, si somos así, seguro que mamá no se enfadará tanto, y esto puede llevarnos a tener problemas para relacionarnos fuera de ese vínculo sin mostrar una actitud complaciente o sin entrar en conflicto por creer que los desacuerdos ponen en peligro toda relación.

Según mi experiencia profesional y personal, las partes de nuestra personalidad que afloran con más frecuencia son:

- **Partes críticas**, que asumen la responsabilidad y la «culpa» ante un conflicto.
- **Partes evitativas**, que procrastinan ante una tarea urgente, como la entrega de un libro.
- **Partes preocupadas**, que todo el tiempo están haciendo comprobaciones o rumian pensamientos ante una situación de agobio.

- **Partes agresivas**, que se comunican «sin filtros», sin tener en cuenta el efecto de sus palabras en la otra persona.
- **Partes exigentes y perfeccionistas**, que no toleran el error y señalan constantemente, juzgándonos sin miramientos.
- **Partes complacientes**, que están pendientes del resto y se olvidan de una misma o que dan más de lo que reciben para que todo el mundo esté bien.
- **Partes desconectadas o apagadas**, que tienen la sensación de que están viendo su vida como si fuera una película o somatizan todo el malestar que sienten con dolores crónicos que no salen en los valores de las analíticas más completas.

Todas estas partes tienen la intención de protegerte. El problema surge cuando continúan presentes de una forma extrema en la vida adulta y ya no existe el «peligro» que motivó su aparición. Esto, como digo, es un problema porque nos aleja de la conexión real con nosotras mismas y de la posibilidad de identificar nuestro sentir en el cuerpo, impidiéndonos relacionarnos con los demás de una forma actualizada.

En suma, seguimos en alerta sin poder disfrutar del presente, sin un diálogo compasivo y calmado, viviendo unas relaciones en las que experimentamos una constante renuncia de nuestra autenticidad. Todo para que no nos coja desprevenidas el grito y nos asustemos, y eso haga que mamá se enfade o nos critique por ello, a pesar de que sobrepensar hoy nos angustia y termina por no aportarnos la calma que esperábamos sentir al intentar tener todas las situaciones bajo control, aunque la vida sea imprevisible.

Muchas personas que acuden a consulta con una herida relacional no quieren iniciar la terapia para sanar heridas de su infancia o su herida materna, sino porque no pueden dejar de comer y vomitar; sienten un estrés constante o dolores físicos, y eso está afectando a su relación de pareja; porque han perdido la motivación en un trabajo que les gustaba o porque sienten apatía en general. Desde este enfoque, entendemos que todos estos comportamientos no son patologías, sino recursos que nuestras partes desarrollaron para protegernos del dolor o la soledad: los atracones tal vez te protegen de los recuerdos de la falta de cariño que sentiste al crecer; tal vez apagar tus emociones de forma inconsciente te ayuda a olvidar lo poco vista que te sentiste cuando eras pequeña. **Sin embargo, el efecto que tienen hoy en tu vida es justo el contrario y te hacen daño.**

Hoy, que tienes la capacidad de darte lo que necesitas como adulta, el objetivo es que, al atender la herida, esos roles extremos se reduzcan en intensidad y que, aunque no desaparezcan del todo, ocupen un espacio más pequeño en tu yo, permitiendo que tú, ahora adulta, te encargues de enfrentarte a las desavenencias con los recursos que has desarrollado o que adquirirás en este camino que es la vida.

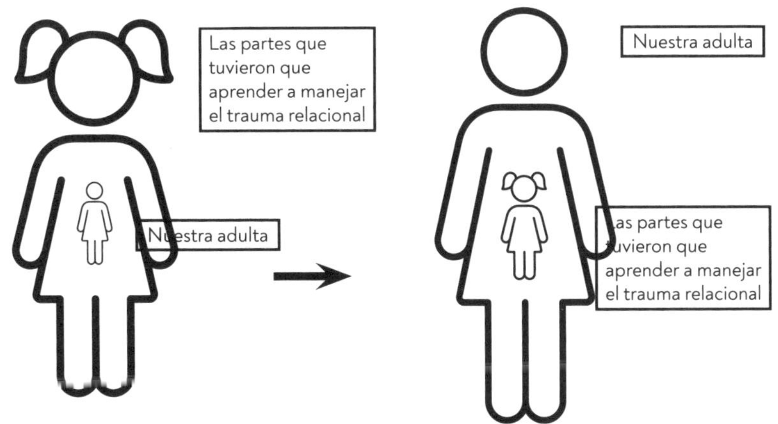

La realidad supera la ficción

Seguro que has visto alguna película o serie en la que has empatizado con el dolor de la hija por las acciones de su madre, pero fuera de la pantalla, en la vida real, nos cuesta hacer lo mismo porque consideramos que eso no sucede del mismo modo. Pero, por desgracia, por todas las historias que conozco y las personas que he acompañado en su proceso terapéutico, **la realidad supera a la ficción**.

Si conoces a alguna hija que tiene una relación complicada o tormentosa con su madre, será más probable que pienses: **«¿Qué cosa tan terrible habrá hecho esa madre para que la hija no pueda perdonarla?»**; en vez de: «¿Qué habrá pasado en ese vínculo previamente para que ahora la relación sea tan complicada?». Por la generación a la que pertenecemos, muchas de nosotras somos **hijas del trauma relacional**. Nuestra familia no tenía la información sobre la importancia de criarnos con apego seguro con la que hoy en día contamos, y si eso cursaba con patologías o traumas previos que cargaban nuestras figuras de apego y seguridad (como lo es una madre), la tarea de atendernos y satisfacer nuestras necesidades afectivas y emocionales de una manera adaptativa y funcional se volvía todavía más complicada.

No lo voy a negar, soy consciente de que tengo un gran reto por delante en estas páginas. **Reconocer, asumir, aceptar y convivir con las heridas maternas** es un trabajo que nos lleva muchas sesiones en terapia, con todo el torrente de emociones que supone abrir una herida tan grande como es la herida de mamá.

En mi podcast, *La hora de maternarte,* hasta la fecha el episodio que ha registrado más número de escuchas ha sido el titulado «¿Mala hija por distanciarme de mi madre?». En él compartí el testimonio en primera persona de Natalia, en el que narraba la falta de contacto con su madre durante catorce años y su posterior reconciliación. Natalia comentaba la experiencia de haberse alejado de su madre, y de haber renunciado a su deseo de niña de estar cerca para poder sanar, pues el vínculo le hacía daño. Sabía que su madre era alguien importante para ella, y que no la podía hacer cambiar o desaparecer, por eso buscó ayuda para sobrellevar esa situación y trató de entender qué hizo que esa herida fuese tan profunda.

Cuando pregunté a mi comunidad de Instagram cuáles eran las heridas que más les dolían o aquellas que estaban en proceso de sanar y con las que todavía cargaban, **la más repetida fue «la herida de mamá»**. Si alguna vez has hecho terapia, una de las primeras cosas que preguntamos es: «¿Cómo es la relación con tu familia?». Y luego: «¿Y con tu madre, en concreto?». Seguro que te imaginas lo que dije cuando mi psicóloga me lo preguntó la primera vez; casi sin digerir la pregunta le solté: «Muy bien, nos llevamos muy bien y nos entendemos mucho», que era una traducción rápida de: «No toques mucho ahí que encontrarás dolor, mejor hablemos de otra cosa que no remueva tanto».

Lo cierto es que todo iba muy bien si obviaba el dolor y el impacto de algunas situaciones pasadas y presentes. Con esto no quiero decir que si respondes con un «muy bien» a esta pregunta necesariamente estés ocultando algo, sino que, en mi caso, me costaba ver a mis figuras de apego en su totalidad, con sus luces y sombras. Había una parte que quería mantener oculta con tal de no conectar con la pérdida y el vacío. Sobre todo en lo que respecta a mi madre: con ella, me costaba más darme cuenta y aceptar que había aspectos de su personalidad o de nuestra relación que me generaban malestar o no me gustaban.

Porque nos enfrentamos a un duelo: el dolor por aquellas necesidades emocionales que no fueron satisfechas por quien tenía que procurar nuestro desarrollo y bienestar.

Durante mi proceso terapéutico pasé por muchas fases en la relación con mi madre. Mi madre no era mi «motivo de consulta», la razón que me había llevado a pedir ayuda, pero su nombre tardó poco en aparecer y, desde ese momento, atravesé varias capas de dolor y vacío que me hicieron consciente del impacto y la repercusión de las experiencias que viví. Algunas de ellas las compartí con mi madre y otras las integré en terapia con ayuda de mi psicóloga. Así que, diez años después de haber iniciado el primer proceso, lo de «muy bien» no es que fuera mentira, pero era una valoración a la que había que añadir matices, eso seguro.

Queriendo documentarme para escribir este libro, leí experiencias en primera persona como las de *Me alegro de que mi madre haya muerto*, de Jennette McCurdy, la actriz de Nickelodeon que, aunque no quería ser actriz, de pequeña su madre la obligó a vivir una vida que ella no quería. Todo ello sumado a los continuos abusos que recibía por su parte.

Por suerte no me identifico con su relato, pero no necesitas vivir una historia como la que Jennette cuenta para entender lo que trato de comunicarte. Si lo piensas, seguro que te viene a la cabeza la madre enrollada que nunca estaba en casa con tu amiga; la madre que siempre criticaba el cuerpo o la apariencia de tu prima; la madre que te ponía a ti de buen ejemplo y te comparaba delante de su hija…

Por todo ello, creo que es sumamente necesario un libro como este: para que podamos hablar de lo que vivimos con nuestra madre como hijas; dar voz a lo que nos ocurrió para que podamos entendernos mejor; saber lo que nos generan algunas situaciones en el presente, poner los límites necesarios para cuidarnos, y no incurrir en los mismos errores que tanto daño nos han generado.

La herida materna se abre cada vez que llega algún día especial, como el día de la Madre, y nos vemos obligadas a celebrarlo para no sentirnos culpables; o no podemos celebrarlo porque ya no está o no tenemos contacto con ella; porque no la conocimos; porque en casa también estarán otros familiares que no queremos ver; porque está fuera y no se ha acordado del plan de pasar tiempo juntas que le propusimos; o porque, aunque nos gustaría hacer algún plan, ya ni lo proponemos porque sabemos que dirá que no a toda propuesta; o porque sabemos que nos sentiremos angustiadas si pasamos el día con ella. O lo celebramos y sentimos una cierta nostalgia al pensar que nuestra madre «no es como las otras madres» y desearíamos que lo fuera, **añorando algo que nunca hemos llegado a tener y que, quizá, ni existe**.

Quizá no lo hemos tenido, pero sí tenemos una imagen de lo que «una madre debe ser», y verla en otros contextos que no era el nuestro dolía. Esto es algo que algunas personas me han dicho en terapia, que envidiaban a sus amigas porque sus madres iban a buscarlas al colegio, les llevaban la merienda y las acompañaban a sus extraescolares, en cambio a ellas las recogía una vecina, amiga de la familia. Lejos de conocer los motivos de la complicada conciliación y del malestar de género que supone el rol de madre, como ahora de adultas podemos intuir,

de pequeñas creíamos que eso tenía que ver con nosotras.

Incluso aunque no quieras, la herida se abre cada vez que vemos que hay hijas que sí tienen una buena relación con sus madres, que se ven cada semana, que quedan para tomar un café juntas e ir de compras, que se explican las cosas con naturalidad y sin secretos, pero, sobre todo, que se sienten seguras juntas, pudiendo ser ellas mismas, sin que cada una se vea obligada a ocultar partes de sí mismas para protegerse de críticas, rechazo o abandono, sin mostrarse a medias para que no se las avergüence, sin fingir ser una persona que no son porque así están seguras de que el daño no impactará de nuevo.

Sea lo que sea que haya pasado en tu relación con tu madre, incluso aunque no te hayas sentido identificada en los ejemplos que he usado, siento lo que viviste y quiero que sepas que, si en ti aparece cualquier emoción, es válida.

Con este libro **no llegaremos a conclusiones ni te voy a decir lo que tienes que hacer**. No te voy a pedir que la perdones, ni que cortes el contacto o te distancies; ni que la quieras más porque «madre solo hay una», ni que seas agradecida porque lo que sientes «no es para tanto». Nada de eso. Quiero hablarte del dolor que sufres y ayudarte a saber cómo atravesarlo. Quiero crear en estas páginas un espacio seguro entre tú y yo para hablar de lo que a nadie le cuentas sobre cómo te sientes en relación con tu madre.

Este libro no va de culpar a las madres; va de acoger el dolor que sentiste cuando eras niña y que todavía te acompaña. Y, sobre todo, de abrazarte. Empecemos juntas.

El título de este libro es *Querida mamá: me dueles*, una frase que recoge el malestar de muchas de las personas con las que me he encontrado en la consulta a lo largo de mi camino como psicóloga. Antes de indagar en tu pasado y en tu relación madre-hija, es importante escucharte y saber en qué punto te encuentras. ¿Sientes que esta frase define también tu situación en relación con tu vínculo materno? ¿Cómo continuarías tú la frase «Querida mamá»?

Respira, date tiempo, reflexiona y escribe aquí lo que sientes, sin censuras ni culpa.

....

....

....

....

....

....

....

....

....

....

....

....

....

....

....

....

....

....

1

¿SOY UNA MALA HIJA?

«La relación con mi madre siempre ha sido algo complicada».
«Me llevaba bien con mi madre, hasta que yo lo fui».
«La siento tan unida a mí que a veces me agobia».
«Cuando está cerca siento que me distancio».
«Mi madre no es el problema, soy yo».
«Si no voy yo a verla, ella ni me llama para ver cómo estoy».
«Es una persona muy fría, no me ha dado nunca un abrazo».
«Todos mis logros se convierten en derrotas cuando se los cuento».
«De pequeña la recuerdo con cariño; pero, como adultas, ahora chocamos mucho».
«Veo la vida que lleva mi madre y me siento muy alejada de ella».
«Pasamos demasiado tiempo juntas, se comporta como una amiga, y siento que necesito algo diferente».
«No me hablo con mi madre y me cuesta aceptarlo».
«Siempre me dice lo que tengo que hacer, siento que es fácil decepcionarla».
«Creo que me ha sobreprotegido, nunca me ha dejado sola y a veces siento que me falta espacio».

Son muchas las personas que, a lo largo de mi carrera profesional, han confiado en mí para iniciar un proceso terapéutico con el objetivo de reparar sus heridas y eso, de una forma u otra, nos ha llevado a prestar atención al vínculo madre-hija. Las frases que abren este capítulo son solo algunos ejemplos de las confesiones que han decido compartir conmigo. Relatos dolorosos sobre experiencias del pasado que no han tenido la oportunidad de integrar emocionalmente en su presente y que hablan de **necesidades no cubiertas**, del **deseo de ser vistas, escuchadas, queridas, cuidadas, aceptadas** por alguien que sentimos que debería haberlo hecho: **nuestra madre**.

Llega un momento en la vida en que, para muchas de estas mujeres, el malestar es tan grande y difícil de gestionar en el día a día que **entender por qué se sienten como se sienten** en relación con su madre, por duro y revelador que esto sea, se convierte en **un paso necesario para sanar y avanzar**. Y, justamente, cuando tomamos la decisión de iniciar este camino terapéutico y mirar al pasado, al pensar en nuestra madre y en la relación que tenemos con ella, suele aparecer un gran malestar y esa pregunta, tan tabú todavía, que nos atraviesa y nos inunda de culpa: ¿acaso soy una mala hija?

Si tú también te has hecho esta pregunta alguna vez, lo primero que quiero decirte es esto: **no estás sola**. Si este libro ha llegado a tus manos, estoy segura de que quieres intentar dar respuesta a esa pregunta, narrar y escuchar tu historia sin juicios y aprender a abrazarte.

Llegaremos ahí. Te acompañaré en este viaje de exploración interior para reconectar con tu niña interior (que ha vivido las experiencias más agradables y desagradables de tu infancia) y para que confíes en la capacidad que tienes como adulta para sanar. Pero antes hay muchas cosas que quiero contarte.

El abrazo en la caída: lo que dice nuestro apego sobre la relación

¿Has visto alguna vez lo que hacen algunos mamíferos recién nacidos cuando están aprendiendo a andar y se caen? La cría normalmente va en busca de su madre para que le ofrezca consuelo, la ayude a pasar el mal trago del traspiés, le alivie el dolor de la caída si lo ha habido y, además, para que le enseñe cómo caminar.

¿Puedes pensar en qué ocurría a tu alrededor cuando te caías? ¿Cómo actuaba tu madre? Tal vez se asustaba mucho, o te distraía y te hacia reír para que no te pusieras a llorar, o se enfadaba contigo por no haber ido con más cuidado. La manera en que nos abrazaban y reconfortaban (o no) después de la caída es uno de los aspectos que establece las bases en la seguridad de la relación.

En la década de 1960, se realizó un experimento único y revelador sobre la separación materna (ahora, por la crueldad que implica, no podría replicarse, pues a la ciencia se sumó la ética algo más tarde). El psicólogo estadounidense Harry Harlow se marcó como objetivo comprobar en la práctica la **teoría del apego de John Bowlby**, un psicoanalista inglés pionero en el estudio de la necesidad del cuidado materno a través de la unión del bebé con la madre y de los efectos tanto de la separación como de la privación materna.

Harlow experimentó con unos monos con apenas unas horas de nacimiento, a los que separó de su madre y colocó frente a un par de madres «sustitutas»: una era de alambre y contenía comida y la otra era de trapo suave, hecho con tela de toalla, y no tenía alimento. Durante el proceso de observación, el equipo de Harlow se dio cuenta de que, aunque los monos iban a buscar alimento a la «madre» de metal, pasaban más tiempo con la «madre» de tela, buscando así el refugio y el apoyo de la mamá que era más cálida y acogedora, hecha de un material más suave y agradable.

En suma, las conclusiones de aquel experimento fueron que los monos preferían una figura a la otra, lo cual probaba que los aspectos asociados a la seguridad (la tela suave y agradable al tacto) **desempeñan un papel muy importante en nuestro desarrollo infantil, incluso más que el sustento**. Con ello, Harlow, a pesar de la controversia del experimento, logró demostrar lo fundamental que es el contacto físico en la relación maternofilial, pues aún en aquella época se aconsejaba a las familias que no cogieran en brazos a los bebés cuando lloraban para no acostumbrarlos a ello.

Un segundo experimento del mismo estudio de Harlow consistió en añadir un elemento aversivo: un robot que asustaba al mono, lo cual hizo todavía más explícito el resultado. El mono corría a buscar a su mamá de tela para reconfortarse después del susto y disipar su malestar.

Y tú, ¿cuántas veces has buscado el calor de la mamá de felpa y te has encontrado con la respuesta de una mamá de metal?

John Bowlby, en cuya teoría se sostuvo el experimento de Harlow, describió el comportamiento de apego como una respuesta evolutiva de supervivencia para proteger a la criatura de cualquier peligro.

Se trata de la **tendencia de los seres humanos a establecer vínculos afectivos sólidos, que nos aporten seguridad, con personas determinadas**, especialmente en nuestra primera infancia. Para este psicoanalista, el apego consiste en todos aquellos mecanismos que nos permiten conseguir o mantener proximidad con otra persona diferenciada y generalmente considerada más fuerte o sabia, lo cual motiva la búsqueda de proximidad por parte de una criatura con sus padres o cuidadores. Con esa cercanía siente satisfecha la seguridad emocional indispensable para un desarrollo óptimo de la personalidad. Esa seguridad emocional, necesaria para el buen crecimiento, puede tomar diversas formas (a través de la escucha, el afecto físico, el cuidado, el juego, etcétera) y es clave en lo que respecta a todos y cada uno de los vínculos que desarrollamos a lo largo de nuestra vida, pues nos hace sentir aceptadas, protegidas, valiosas e importantes para las personas que también lo son para nosotras.

De acuerdo con la teoría del apego, el vínculo emocional con nuestras figuras de referencia es **precursor de la seguridad en las relaciones personales de la vida adulta**. Esto quiere decir que las primeras relaciones que establecemos pueden determinar la calidad de los vínculos que vayamos a tener en el futuro con el resto de personas que serán significativas para nosotras.

Según la interacción que se produzca entre el cuidador y la criatura —la cercanía en ese vínculo— se hará evidente la calidad y la seguridad emocional que aporta, lo que tendría que ver con lo que, más tarde, Bowlby (1969-1980) identificó como **modelos operantes internos**: una referencia mental de base a partir de las expectativas que posee la criatura acerca de sí misma y de su entorno en el que integra experiencias presentes y pasadas. Todo ello le hace posible anticipar, interpretar y responder a la conducta de sus figuras de apego.

Lo esperable era sentirnos más seguras cuando nuestra madre estaba cerca, pero puede ser que no ocurriese así, y si en repetidas ocasiones no ocurrió lo que necesitábamos, se trazó un mapa muy distinto al que venía «de fábrica». Esto explica la culpa que sentimos muchas veces cuando llegamos a la vida adulta con esa desagradable sensación de que nos sentimos mejor lejos que cerca de nuestra madre. Y es que, aunque hoy acudir a mamá quizá no es tan reconfortante como esperabas, estás diseñada biológicamente para ello.

De hecho, este es el núcleo del trauma relacional: el deseo natural de apegarse y estar en sintonía y conexión, al que desafortunadamente le sigue el dolor de los intentos fallidos y las heridas asociadas. Es como si a cada lado tuviéramos una persona que nos tira del brazo. Una nos dice: «Haz todo lo que sea para conectar», mientras la otra nos señala que: «Todas las relaciones son peligrosas, tienes que dejar de hacer esto». Y ambas personas somos nosotras mismas.

En resumen, este modelo permite al ser humano entender el mundo y reaccionar «adecuadamente» con el fin de sentirse seguro y sobrevivir en el entorno. Y (por esto es fundamental para el tema que nos ocupa) estas representaciones mentales de una misma y de los demás **tienden a mantenerse en el tiempo e influyen en nuestras relaciones adultas**. Pero ¿de qué manera? ¿Y hasta qué punto?

A las aportaciones tan revolucionarias de Bowlby se sumaron las de otros estudiosos desde diferentes perspectivas, entre ellas, la de **Mary Ainsworth**, una psicoanalista estadounidense que realizó las primeras investigaciones para describir cuáles eran los patrones de relación de las interacciones entre madre e hijo. ¿Su objetivo? Evaluar las respuestas ante la ausencia de la madre y el reencuentro para determinar la seguridad del vínculo entre ambos. Hoy en día conocemos esta investigación como **«la situación extraña»** (1960).

El experimento de Ainsworth consistió en estudiar la reacción de distintos bebés ante una situación que les generaba malestar: la separación de su madre. La muestra estaba compuesta de cien familias estadounidenses de clase media, con bebés de entre doce y dieciocho meses. En todas estas familias, la madre era la **cuidadora principal del niño**. El experimento consistía en dejar al bebé en una pequeña sala con un cristal tintado, tras el cual se ubicaban los investigadores, y forzaban las siguientes «escenas» para observar su comportamiento.

Escena 1: la madre y el bebé entran en la sala experimental, en la que hay juguetes.
Escena 2: el bebé se dedica a explorar la sala y los juguetes, mientras que la madre no participa en el juego.
Escena 3: entra una persona desconocida en la sala. Durante el primer minuto está en silencio y luego, en el segundo minuto, habla con la madre. En el tercero, empieza a aproximarse al bebé.

Escena 4: la madre abandona la sala y se produce el primer episodio de separación. La conducta del desconocido se coordina con la del bebé; se pone a jugar con el mismo objeto con el que está jugando el bebé y, si el bebé llora, intenta distraerlo y seguir jugando.
Escena 5: la madre vuelve a la sala, saluda y reconforta al bebé en el reencuentro, intentando que vuelva a su actividad de juego, mientras el desconocido se marcha.
Escena 6: la madre vuelve a salir de la sala, dejando al bebé solo esta vez.
Escena 7: el desconocido entra de nuevo para interactuar con el bebé sin la presencia de la madre.
Escena 8: el desconocido se marcha y madre e hijo se reencuentran por segunda vez (la diferencia es que esta vez la madre coge al niño en brazos).

(Si tienes curiosidad, en internet encontrarás imágenes del experimento).

A partir de las diferentes reacciones de los bebés, Ainsworth diseñó una **clasificación de estilos de apego diferenciados**:

- Un **65 por ciento** de los bebés exploraban la habitación en presencia de su madre y mostraban interés cuando entraba la persona desconocida. En el momento de la separación, mostraban señales claras de angustia. En el reencuentro con la madre, acudían a ella en busca de consuelo y contacto físico; posteriormente se mostraban alegres y retomaban el juego. Ainsworth calificó este estilo de apego como **seguro**.

- Un **25 por ciento** de los bebés mostraban angustia y malestar en el momento de la separación, pero, a diferencia de los anteriores, no retomaban el juego fácilmente y no buscaban o, peor aún, rechazaban el contacto físico con la madre a la hora del reencuentro: la evitaban o ignoraban activamente cuando ella los cogía en brazos; se alejaban, miraban hacia otra dirección evitando el contacto visual o la rehuían cuando ella los cogía; es decir, se mostraban distantes a la hora de conseguir una mayor proximidad con la madre. Ainsworth calificó este estilo de apego como **evitativo**.
- Un **10 por ciento** de los bebés no lograban calmarse en el reencuentro con la madre y, a pesar de que centraban su atención en ella, seguían llorando en brazos, rechazando el juguete y continuar con la exploración tras el reencuentro: buscaban la cercanía con la madre a través de una reacción hiperreactiva. Estos niños tenían lo que Ainsworth calificó como un **estilo de apego ansioso o ambivalente**.

Tras este experimento, las investigadoras estadounidenses **Mary Main y Judith Solomon** (1990) revisaron las grabaciones de Ainsworth y llegaron a la conclusión de que algunas reacciones no encajaban en ningunas de las categorías previas. Por ello, crearon una nueva clasificación: el **estilo de apego desorganizado**, característico en aquellos bebés que mostraban conductas evitativas y ansiosas, contradictorias, que buscaban alejarse y acercarse a la madre al mismo tiempo, generando así una notable confusión entre ellos. En función de este hallazgo, los porcentajes de los resultados se clasificaron en un nuevo orden, siendo el 65 por ciento apego seguro, el 10 por ciento apego ansioso, el 20 por ciento apego evitativo y entre el 3 y el 5 por ciento apego desorganizado.

Así, los niños desarrollan un apego seguro cuando crecen en un entorno en el que su madre responde y está atenta a sus necesidades, desarrollan un lugar de control interno, saben lo que les hace sentir bien o mal y han obtenido un sentido de la autonomía. Sin embargo, los niños que se crían con una madre que no atiende o que los rechaza desarrollan un apego inseguro, y pueden responder a ello de forma ansiosa o hiperactivada, a menudo llorando, gritando, quejándose, manifestando dependencia o actuando de forma distante y desinteresada, como si nada les importara o molestara, volviéndose evitativos (o hipoactivándose). Por su parte, los niños con madres que parecen ser hostiles, intrusivas, indefensas o temerosas tienden a desarrollar un apego desorganizado.

Clasificación del apego en la situación extraña (Ainsworth)

	APEGO INSEGURO (35%)		
Apego seguro (65 %)	**Apego ambivalente/ resistente (10-12 %)**	**Apego evitativo (20 %)**	**Apego desorganizado/ desorientado (3-5 %)**
• Exploran de forma activa mientras estan solos con la madre. • Pueden intranquilizarse en la separación. • Contacto físico afectuoso con la madre cuando regresa que les tranquiliza.	• Exploran muy poco y se mantienen cerca de la madre. • Se inquietan mucho en la separación. • Ambivalencia cuando la madre regresa (se mantienen cerca pero se resisten al contacto físico).	• Poco malestar en la separación. • Ignoran a la madre cuando regresa. • Pueden ser muy sociables con extraños. • Muestran una conducta exploratoria activa.	• Combinación de patrón resistente y evitativo; después de haber sido separados de la madre, presentan conductas contradictorias cuando ella regresa.

En definitiva, afecta mucho más a nuestro desarrollo y bienestar emocional el aislamiento emocional de la madre que no una respuesta intrusiva, especialmente en los dos primeros años vida. Tener una madre desvinculada o desconectada de nuestra crianza en esa primera etapa de la infancia puede llevarnos a sentirnos perdidas, confusas, abrumadas, desconectadas, no queridas, vacías o desamparadas.

La teoría del apego demuestra la importancia de una **crianza segura y emocional suficientemente buena, aunque no perfecta**.

Un aspecto interesante de esta clasificación es que se basa en la expresión y regulación emocional. La calidad del apego se establece fundamentalmente dependiendo de cuán efectiva sea la díada madre-bebé, es decir, la relación maternofilial.

Y ¿**qué significa todo esto** que te cuento?

Los estudios muestran la importancia de la seguridad y el impacto del cuidado materno en el futuro de nuestras relaciones. Se trata de crecer sabiendo que nuestras necesidades emocionales se van a tomar en cuenta y, por lo tanto, a cubrir; de crecer con la confianza en que nuestro adulto de referencia (como suele serlo la madre) va a saber ayudarnos a volver a la calma después de un momento estresante.

Para mí no es importante que te clasifiques en un estilo u otro, ya que no todo es blanco y negro, ni hay un estilo de apego mejor que otro. Recuerda: al final estamos hablando de relaciones, y son complejas. Para mí, como dice Bowlby, se trata de **reconocer cuál es nuestra tendencia a la hora de relacionarnos**, de entender qué define la mayoría de nuestras relaciones, de darnos cuenta de si por nuestro estilo de apego tenemos dificultad para explorar y curiosear (como les ocurre a las personas con «estilo de base» ansioso) o dificultad para buscar refugio y consuelo (como les sucede a aquellos con un «estilo de base» evitativo). Con ello, podremos conectar nuestra manera de relacionarnos en la vida adulta con experiencias que, quizá, por lo traumáticas que fueron para nosotras en su momento, hemos olvidado.

Para finalizar, me parece necesario compartir contigo el resultado revelador y esperanzador de un estudio del 2011 de los investigadores estadounidenses Beckes y Coan. Analizaron cómo respondía un grupo de adolescentes de quince años con sus madres para comprobar la regulación interpersonal de la díada madre-hija, y luego estudiaron un grupo de mujeres en una situación amenazante en tres escenarios diferentes (mientras estaban solas, mientras iban de la mano de un desconocido o mientras daban la mano a su pareja). Como resultado del estudio, determinaron que **la calidad de nuestras conexiones nos ayuda a regular las emociones desagradables en el cerebro o a recuperarnos**. Las estructuras neuronales están menos activas cuando se dispone de un apoyo social de alta calidad y reaccionamos de una manera menos intensa a las amenazas. Las mujeres con relaciones de mejor calidad (es decir, las que se daban la mano con su pareja) fueron las que menos actividad cerebral necesitaron para recuperarse. Para sanar el estrés y el trauma, la conexión es vital.

En suma, ante una amenaza, necesitamos recibir consuelo para recuperarnos. Necesitamos el abrazo después de la caída.

Quiéreme cuando te diga que eres la peor madre del mundo

A menudo, debido a cómo nuestro cerebro nos protege del dolor, tenemos pocos recuerdos de nuestra infancia, y más si estos tienen que ver con una figura familiar. Esto es lo que le ocurría a Laia, una joven de veintiocho años que acudió a mí para iniciar su proceso terapéutico.

Laia llegó con una petición meridiana: **quería que la acompañase a entender de dónde surgía su autoexigencia en el trabajo**, su necesidad constante de no quedar por debajo en cuanto a resultados y la necesidad de aprobación por parte de sus superiores para sentirse válida y suficiente, yéndose la última de la oficina y siendo incapaz de poner límites.

Al indagar en su pasado llegamos a la conclusión de que algunos de estos aspectos estaban muy relacionados con su madre y las expectativas que había puesto sobre ella.

Cuando tenía algún problema en el trabajo, llamaba a su madre esperando que la ayudase a afrontar la situación con herramientas que le permitieran poner límites. Sin embargo, la respuesta que siempre recibía de ella era algo parecido a: «Bueno, Laia, es que tú te tomas las cosas muy a pecho, trata de aguantar un poco, que hoy en día no es fácil encontrar trabajo». Preocupada por la situación laboral, la madre de Laia optaba por ser «práctica», invalidando con ello las emociones de su hija.

Laia tenía la necesidad de refugiarse en el abrazo de su madre, como en los experimentos que veíamos antes, pero la respuesta de su madre le confirmaba que estaba sola «ante el peligro».

Gracias a la terapia, pudo darse cuenta de que el malestar

que sentía por su situación en el trabajo guardaba una gran relación con todas las veces que se había sentido sobrepasada en el pasado cuando pedía ayuda, consuelo o consejo a su madre, y tenía que lidiar con ello en soledad, tratando de que esta no notase lo perdida que se sentía en la vida y callando su angustia para que los juicios cesaran y estuviese intacta la conexión madre-hija. La principal aprobación que buscaba era la de su madre.

Solo cuando Laia fue consciente de esto, de cómo la respuesta de su madre (y la falta de su «abrazo») alimentaba su autoexigencia de querer hacerlo todo bien, creyendo así que por fin recibiría el cariño y el reconocimiento que anhelaba, **fue capaz de empezar a trabajar para poner límites y reparar su malestar para sentirse válida por quien era y no por lo que hacía**.

EJERCICIO

Tras leer estas páginas, tal vez intentes reflexionar acerca de ti y el estilo de apego que define la relación con tu madre. A continuación encontrarás algunas preguntas que te ayudarán a averiguar cuál es el punto en el que se encuentra tu relación madre-hija (lo cual no significa que fuese el de origen, pero nos ayuda a ver cómo está hoy la relación). Tómate el tiempo que necesites para responder y da espacio a cualquier emoción, sea la que sea.

- ¿Las interacciones con tu madre son reconfortantes o incómodas?

  ....

  ....

- ¿Sus palabras son frías o cálidas?

  ....

  ....

- ¿Sientes que valida y reconoce tus estados emocionales?

  ....

  ....

- ¿Qué crees que le enfadaría a tu madre que hicieras?

  ....

  ....

- ¿Le puedes decir que no a tu madre?

  ....

  ....

- En general, ¿respeta tus decisiones o las desaprueba?

  ....

  ....

- ¿Es una fuente de apoyo y malestar a la vez?

  ....

  ....

- ¿Sientes que puedes hablar con ella de lo que te ocurre?

  ....

  ....

- ¿Es cariñosa o rehúye el contacto físico?

  ....

  ....

- ¿Acudes a ella cuando tienes miedo o te sientes perdida?

  ....

  ....

- ¿Le ocultas cómo te sientes por temor a su reacción?

  ....

  ....

- ¿Sientes que está disponible para cuando lo necesitas o en ocasiones crees que eres una carga para ella?

  ....

  ....

- ¿La ves capaz de ayudarte a resolver alguna situación?

  ....

  ....

- ¿Sientes malestar después de haber estado con ella?

  ....

  ....

Probablemente ahora que sabes todo esto no te resulte extraño darte cuenta de que **«mamá» es la palabra que más se oye en los parques después de una caída**, una situación que provoca malestar.

Como en los experimentos del mono y de la situación extraña, muchas veces nuestra madre es la persona a la que buscamos para que nos reconforte, nos proteja, nos haga sentir seguras y en confianza. Pero quizá tu experiencia no fue siempre así. Qué dolor y qué vacío produce que esa necesidad tan primitiva se quedase a medias, y nosotras faltas de sentir esa conexión y plenitud.

Imagina que, siguiendo con esta especie, una cría de mono se queda sola y tiene mucha hambre, pero lo único que es capaz de encontrar por su cuenta para alimentarse es un trozo de carne en mal estado. Cuanto mayor sean las ganas de comérselo, mayor será la emoción de asco que experimentará: una respuesta del organismo originada para mantenerlo a salvo, evitando que ingiera algo podrido que le pueda hacer daño.

La intensidad de las emociones (tanto de las agradables como de las desagradables), además de permitirnos sobrevivir en nuestro entorno, nos ayuda a adaptarnos a él y, también, a relacionarnos. Sin embargo, a veces la distancia que existe entre una necesidad a satisfacer, como la cercanía, y otra desagradable, como la sensación de rechazo, es tan notoria que **nos puede resultar difícil lidiar con esa ambivalencia y generar confusión al intentar procesar esa contradicción que sentimos**.

Esa misma ambivalencia que experimenta el mono va a estar presente, en ocasiones, en **nuestro vínculo materno**: la intensidad con la que se experimenta el amor hacia nuestra madre puede llegar a ser equiparable al dolor que nos provoca. Porque sí, se puede querer muchísimo a una persona y, al mismo tiempo, sentir que nos genera un profundo malestar por las carencias, ausencias o fracturas que han tenido o tienen lugar en el vínculo.

No es extraño que experimentemos culpa cuando aparece en nosotras una emoción desagradable o sentimos la dificultad para procesar la contradicción respecto a nuestra madre, por lo que representa su figura, pero, sobre todo, por los mensajes que hemos recibido acerca de las emociones a lo largo de nuestra vida.

En general, no hemos tenido demasiado permiso para sentir emociones desagradables, especialmente nosotras, las mujeres, a las que tradicionalmente se nos ha prohibido expresarlas o castigado cuando lo hacemos. «Pórtate bien y no hagas ruido», «Siéntate y no interrumpas a los mayores», «No seas maleducada y saluda dando un beso a todo el mundo». Por ello, me gusta hablar de emociones agradables y desagradables, más conocidas como positivas y negativas, para que sentirlas sea una experiencia que iniciemos desde la curiosidad y no desde la culpa. Como veremos, emociones desagradables, como la rabia, cumplen una función: qué sano habría sido en nuestra infancia poder sentir rabia hacia nuestra madre y poder expresarla sin miedo a que no se nos validara.

De hecho, cuando somos pequeñas, esta intensidad de la que te hablaba antes es muy natural y observable. Aunque yo no recuerdo haberlo expresado. Sí recuerdo momentos en los que me enfadaba con mi madre de tal manera que, en ese instante, le habría dicho algo proporcional a la intensidad de la rabia: **«Eres la peor madre del mundo»**. Pese a que, en otras ocasiones, sentía todo lo contrario, que era la mejor madre que existía sobre la faz de la tierra.

Es tremendamente difícil lidiar con la intensidad de dos emociones, sensaciones o necesidades tan contrarias como las que te he descrito. No sé si habrás visto la película *Un monstruo viene a verme*, pero siempre acudo a ella como ejemplo para explicar esto.

El protagonista, Conor, es un niño de trece años que está viendo cómo su madre sufre las consecuencias del cáncer, y en un momento de la película grita: «Quiero que mi madre se muera». Evidentemente, es lo último que quiere, pero en ocasiones el dolor es tan grande que buscamos dejar de sentirlo, y el procesamiento mental infantil, sin la capacidad de unir ambas experiencias tan contrarias, suena a algo así como «muerto el perro, muerta la rabia».

Si tú también te sientes reflejada en esta experiencia, es probable que todavía conectes con un dolor de esa magnitud, con la rabia de tu niña interior por las necesidades no vistas, escuchadas ni tenidas en cuenta. Seguramente, tal como me ocurrió a mí en aquel momento, los adultos en tu entorno, entre ellos **tu madre**, no vieran o entendieran el trasfondo de tus palabras ni lo que necesitabas en ese momento; que se lo tomaran como algo personal y que no te acompañaran a ver que, detrás de esa frase, había **una emoción que necesitaba ser expresada, contenida y reconducida**. Que necesitábamos que nos dijeran: «Hala, pues sí que estás enfadada»; en vez de: «Será posible, qué maleducada»; o: «¿Cómo me dices eso con todo lo que hago por ti?»; o: «Pues tú sí que eres la peor hija y no te lo digo»; o, incluso: «Dime algo así otra vez y te cruzo la cara».

Y esto, aunque en apariencia parezca un suceso insignificante que ocurrió en un pasado que tal vez consideres remoto, pudo ser el inicio de esa grieta, el momento en que se generó una herida en el vínculo que perdura en el tiempo. Esa herida la alberga tu niña interior, una parte de ti, tu yo más auténtico y vulnerable, la que recoge todas las experiencias (tanto las agradables como las desagradables) de tu infancia.

Si ese permiso y validación hubiera estado presente, hoy en día podría ser más fácil enfadarnos de una forma adaptativa sin herirnos a nosotras mismas o hacer daño a los demás, y poner límites que nos protejan y nos cuiden, poder hablar de lo que nos molesta sin tener miedo al conflicto y sus consecuencias, expresar la injusticia sin necesidad de herir ni devolver el dolor.

Cuando no nos han acompañado para integrar «la cara y la cruz» de las emociones, siempre hemos tenido que elegir una por nosotras mismas y luchar internamente con la otra. Y esa lucha interna muchas veces ha supuesto renunciar a la totalidad de nuestra autenticidad y lo que sentimos, incluida la rabia y el poder que nos otorga para no ser rechazadas, juzgadas o abandonadas, o por miedo a que nos consideren una mala persona. Una mala hija.

2

ANTES DE TI: LA VIDA DE LA MUJER ANTES DE LA MADRE Y EL TRAUMA GENERACIONAL

Querida mamá: si hubieras podido sanar tus heridas o al menos me hubieras hablado de ellas, habría entendido que nunca tuvo que ver conmigo.

El día que Cintia, de treinta y dos años, se presentó por primera vez en mi consulta, me expresó su dolor y su vacío porque la relación con su madre no era ni mucho menos la que ella deseaba. Desde que estaba buscando quedarse embarazada, **aquello que antes había quedado relegado a un segundo plano le había estallado en la cara**. Su madre tenía depresión y fibromialgia desde que tenía memoria y, según me relataba, en la adolescencia había sido peor: muchas veces no se levantaba de la cama y Cintia había tenido que dejar de lado su vida para ocuparse de ella.

Como es evidente, la madre de Cintia no eligió sus dolencias y no tenía la culpa de su sufrimiento, pero Cintia tampoco. Aquí estamos para sanar las heridas de nuestro vínculo materno, no buscamos culpables: tratamos de ver qué podemos hacer con el dolor con el que todavía cargamos.

Cuando empezamos a trabajar en terapia, Cintia lloraba mucho y sentía mucho dolor en el pecho, tanto que, a veces, creía no poder soportarlo. Después de un tiempo aceptando la relación con su madre, y el duelo que suponía en el vínculo, **ese dolor y esa tristeza empezaron a transformarse en rabia y enfado hacia su madre**.

> Esto que le ocurrió a Cintia a veces también toma la **forma inversa**: primero se presenta la rabia de la injusticia y luego florece la tristeza y el duelo ante la pérdida.

Cintia me repetía: «No lo entiendo, Marta. ¿Por qué? ¿Por qué ella nunca ha ido a terapia y me ha quitado la madre que podía tener? ¿Por qué me trata así y no hace esto por mí? ¿Por qué se comporta así conmigo?».

A Cintia le dolía profundamente que la relación con su madre no fuera la que ella deseaba y sentía que esta no se esforzaba demasiado por hacer algo juntas. Creía que, si ella se esforzaba más, quizá su madre le haría alguna propuesta, por ejemplo, de ir a merendar y dar una vuelta juntas o, como mínimo, de pasar la tarde juntas en su habitación, charlando y disfrutando de la compañía de la otra, algo que deseaba con todas sus fuerzas. Cintia sentía que pedía poco, pero su madre no se lo podía ofrecer, y esto le parecía muy injusto.

Perdí la cuenta de las veces que Cintia lloraba y me preguntaba por qué, y yo, aunque tenía delante a una mujer de treinta y dos años, veía ante mí la confusión de una niña. Tras varias sesiones supe que Cintia estaba preparada para escuchar algo que, aunque doloroso, le ayudaría a aliviar su carga y su culpa, a entender que lo que había ocurrido y ocurría en su relación madre-hija no tenía que ver con ella.

En otras ocasiones lo había intentado, pero a Cintia no le llegaba del todo mi mensaje. Me decía que sí, pero yo veía en su cara que en realidad no era cierto, y así me lo confirmó ese día. Para ello, le puse el siguiente ejemplo:

«Imagínate que estás enfadada porque de pronto has recordado que tu madre nunca te llevaba en coche a ningún lado cuando eras adolescente. Siempre te decía que te espabilases, que ya eras mayor, y cuando lo cogía se ponía muy nerviosa por la velocidad de los coches de alrededor y no se le podía decir nada.

»La realidad es que tu madre no te quería llevar a ningún lado, no porque le molestase hacer algo por ti, sino porque le daba un miedo terrible conducir (tal vez un familiar había muerto en un accidente de tráfico o no se sentía con suficiente seguridad para coger el volante), y cuando no tenía otra alternativa, se angustiaba. **Pero ¿cómo explicarte todo esto si quizá en el fondo no era consciente de que estaba sintiendo miedo?** En su lugar, optaba por no decirte nada y tú creías que tenía que ver contigo».

La primera vez que intenté explicarle algo así a Cintia, apareció su niña interior y, desde la rabia, me decía: «Ya, pero yo no tengo la culpa», «No me digas que hizo lo mejor que pudo con lo que tenía», «Es que, joder, yo he tenido que ser valiente cuando ella no lo ha sido, no es justo». Por supuesto que no, no es justo.

No es justo que no tengas la relación que te gustaría con tu madre, y eso a veces, aunque duela, puede estar fuera de tu alcance.

Al sentirse escuchada y no juzgada, Cintia había tenido un lugar seguro para enfadarse y dar espacio a una emoción que durante mucho tiempo había quedado reprimida en su interior. Recordaba que, cuando era pequeña y se enfadaba, le decían: «¿Y ahora qué te pasa?» y, acto seguido, ponían los ojos en blanco. Entonces, un día me dijo: «Marta, sigo enfadada, pero me siento algo más liberada, no sé cómo explicarlo».

Gracias al proceso terapéutico se dio cuenta de que, aunque en las sesiones ella se enfadaba mucho, su madre no tenía ni idea. No obstante, no era tan importante que su madre lo supiera, sino que Cintia **pudiera dar espacio a todas las emociones que sentía**, incluidas aquellas tan incómodas de injusticia y abandono que tenían que ver con el hecho de no tener algo.

Se dice que no se puede echar de menos lo que no se ha tenido, pero Cintia se comparaba con otras personas que disfrutaban de algo que ella anhelaba, y eso la hacía sentirse muy desdichada. Durante la terapia entendió que sentía rabia y pena a la vez. La rabia hablaba más de la niña interior de Cintia y de lo que nunca tuvo, mientras que la pena hablaba de cómo la Cintia adulta se daba cuenta de lo sola que estaba, y de la mochila que su madre cargaba.

La mochila de mamá y tus aprendizajes

Al contrario de lo que mucha gente piensa, **sentir emociones diversas o ambivalentes es un signo de madurez emocional**. Las personas que tienden a expresarse desde el «todo o nada» o el «negro o blanco», de manera dicotómica, no suelen tener las herramientas para plasmar en palabras toda la diversidad y complejidad de su mundo interno.

Puede ser que en tu infancia sintieras que tenías vía libre para jugar y reír, pero que, en cambio, no se te permitía enfadarte, o a la inversa: que pudieras enfadarte y gritar todo lo que quisieras (obteniendo como respuesta estos mismos enfados y gritos), pero no descansar y estar en calma.

EJERCICIO

Antes de seguir leyendo, para, piensa e intentar dar respuesta a estas preguntas:

- ¿Cuándo recibías atención por parte de tu madre?

  ....

  ....

  ....

- ¿Sentías que estaba más pendiente de ti cuando estabas asustada?

  ....

  ....

  ....

- ¿Te prestaba más atención cuando estabas enfadada?

....

....

....

- ¿Se daba cuenta cuando estabas desanimada?

....

....

....

Hay relaciones en las que no nos sentimos aceptadas del todo porque hay unas emociones que se permiten y otras que no: unas emociones que nos permiten sentirnos aceptadas y otras que reprimimos para que el vínculo permanezca.

Quizá la única forma que de niña tenías para conectar con tu madre era desde la rabia. Tal vez la sentías muy presente en las discusiones y notabas que, hasta que no estallabas, no te prestaba atención. Esto, seguramente, tuvo consecuencias para ti y para vuestro vínculo.

Esa lucha interna supone mantener oculta una parte de nuestras emociones y sensaciones, desconectándonos de nuestro sentir, **renunciando a un trocito de nosotras mismas para que la otra persona esté completa**.

Como niñas **renunciamos a nuestra autenticidad y a algunas de nuestras necesidades** porque quizá es **motivo de rechazo o crítica**: por ejemplo, dejamos de movernos lo que el cuerpo nos pide porque, al llegar a casa de los tíos, mamá nos decía: «Tienes que portarte bien, ser una señorita» y permanecer quieta, callada y sentada mientras los mayores hablaban.

Te contaba al inicio que esa falta de integración (de lo desagradable y lo agradable llevado al terreno de las emociones y las relaciones) hace que muchas personas, en la vida adulta, se asusten cuando se dan cuenta de que hay algo de su amiga o de su pareja que no les gusta. Por ejemplo, que sea desordenada cuando viaja o que siempre llegue tarde a la mayoría de las quedadas. Es como si no lo pudiéramos tolerar, como si eso significase quererla menos o, directamente, no quererla. Y, según mi experiencia personal y profesional, sin duda esta dificultad para tolerar nuestro propio rechazo hacia algunas características o aspectos de la persona se ve magnificada cuando hablamos de nuestra madre.

En relación con esto, recuerdo que a raíz de una publicación de Instagram con testimonios hablando del impacto de las heridas familiares, una seguidora me preguntó: «Marta, ¿no ves antinatural que yo, como hija, no quiera tener contacto con mi madre porque me duele estar cerca de ella?».

Esta persona estaba juzgando su necesidad de alejarse, al referirse a ella como una actitud «antinatural», y le estaba costando validar su necesidad de protegerse. Le contesté: «Fíjate, tú me hablas de "antinatural", y yo pienso que quizá lo natural es precisamente evitar el dolor, y alejarse es solo una manera de hacerlo». Aunque desconozco lo que le pasó con su madre, lo que sí sé es que tener sentimientos desagradables hacia ella es algo muy difícil de sostener.

Entiendo (porque yo soy la primera a la que le pasa) que haya una parte de nosotras que prefiere **quedarse en «el lado bueno de las emociones»** y no asumir la parte desagradable o que nos disgusta del vínculo. En consulta, y en mi comunidad de

Instagram, muchos de los relatos que han compartido conmigo acerca de complicadas relaciones madre-hija incluyen **deseos de experimentar las emociones con menor intensidad** («Me gustaría que esto no me afectara tanto, o que no se note»).

Como me dijo en una ocasión mi amiga Laia Sabaté, psicóloga y autora de *Amor vulnerable*, cualquier objetivo terapéutico que haga mejor un robot que nosotras, no es un objetivo que deberíamos tener: si algo te duele, tu gesto, tu cuerpo, tu voz, tu comportamiento van a reflejar ese dolor.

La mayoría de las personas reconocen que prefieren encerrar y no dejar salir a la niña que fueron por todo lo que sufrió, a pensar en aquello que las hirió (como le ocurrió a Cintia), enfrentarse a sus sentimientos y validar sus emociones (y todo lo que eso puede implicar en su relación madre-hija). **Si ese es tu caso, te entiendo y te abrazo.** Pensar en lo que nos hirió supone hacerlo más presente y asumir que alguien que tenía la responsabilidad de cuidarnos y protegernos nos ha hecho daño, y el resultado de eso es el miedo, la desprotección y la soledad.

Reconocernos como personas a las que se puede herir y nadie ve **nos hace sentir muchas veces que estamos solas**. Y puede que no fuera nuestra madre quien nos hirió, pero quizá presenció algunas situaciones en las que sentiste un verdadero malestar y no alzó la voz. Y eso duele, mucho.

Sin embargo, negarnos las emociones desagradables que sentimos no va a cambiar la situación que existe ni a sanar nuestro dolor.

En terapia, a menudo usamos la metáfora de una mochila para referirnos a las experiencias vividas, aquellas que llevaremos con nosotras toda la vida. Si esta mochila está llena de cargas, de experiencias y emociones desagradables, tenemos la posibilidad de pararnos para abrirla, ver qué hay y recolocar, vaciar o añadir aquello que nos haga falta para que pese menos y nos permita avanzar. Del mismo modo que nosotras llevamos esta mochila, también lo hace nuestra madre, y si ella nunca ha mirado en su interior antes de nuestra llegada, lo más probable es que carguemos en la nuestra con los objetos y herramientas con los que carga ella.

Desde una perspectiva terapéutica, **el recuerdo y el impacto del trauma relacional son aquellas cargas que todavía no hemos mirado o vaciado**.

El trauma relacional o trauma con t minúscula, como te explicaba al principio, será el que analizamos aquí. Tiene que ver con las **rupturas del vínculo** que se han producido de manera repetida y que han originado una herida en la confianza, la conexión y la compasión de la persona que lo experimenta.

Son situaciones que involucran a otras personas, la mayoría de las veces **de nuestro entorno, como puede ser nuestra madre**, que no nos acompañan emocionalmente como necesitaríamos. En muchos casos, esto tiene lugar no porque quieran causarnos malestar o herirnos, sino porque no tienen los recursos para acompañarnos como necesitamos.

Para mí, el proceso de terapia implica mirar hacia dentro y ver qué elementos hay en la mochila, cuáles nos pesan, cuáles necesitamos añadir y cuáles necesitamos cambiar por otros. Por eso es tan importante revisar qué cosas no nos dejan avanzar y todavía nos atan al pasado: debemos revisar nuestras cargas para comenzar a sanar.

Si, como yo, preferiste quedarte en ese «lado bueno de las emociones» por no ver las faltas o las cargas de tu madre, no tuviste elección. **Lo hicimos así para sobrevivir.** Teníamos que quedarnos del lado de la esperanza, la confianza, la bondad, del lado que solo veía el amor, pues, cuando éramos pequeñas, dependíamos del cuidado que nos brindaban los adultos de referencia.

Quizá te parece exagerado, pero sí, era una cuestión de supervivencia. Cuando crecimos, nuestra niña necesitaba confiar en que había alguien ahí para cuidarnos de la forma que fuera, necesitaba sentir que no estaba sola.

De hecho, durante la carrera fui voluntaria en una asociación para la infancia maltratada y me contaron que los niños que han sido maltratados físicamente demuestran que preferían tener contacto con una figura agresiva a renunciar a esa relación a causa del maltrato. **Aunque el golpe doliese, y mucho, era una muestra visible de que había alguien que era consciente de su existencia.** Era preferible un golpe por no haber hecho los deberes que una respuesta de indiferencia que les conectaba con una absoluta soledad.

Con este libro mi intención es que puedas sentir compasión hacia esa niña de la que te hablaba antes; **expresar tus emociones, validarlas y reconducirlas a un lugar en el que puedas sanar**. Quiero que puedas ver toda la escena y que no tengas que elegir una cosa o la otra, que esta vez puedas incluirte en la ecuación para poner los límites que necesites en tu relación madre-hija.

¿Qué impacto tiene el trauma de tu madre en ti?

A raíz del atentado de las torres gemelas en Nueva York el 11 de septiembre de 2001 (un trauma con T mayúscula, un único evento estresante) se hizo un estudio con mujeres embarazadas que estaban en los alrededores de la zona de los atentados, o en el epicentro mismo, y que se habían visto afectadas emocionalmente por los sucesos. El estudio, dirigido por la psiquiatra y neurocientífica Rachel Yehuda, determinó que se produjeron cambios intrauterinos que repercutieron en los hijos y en su predisposición al estrés.

La transmisión de la experiencia traumática en una generación a uno o más individuos en generaciones posteriores recibe el nombre de **trauma transgeneracional o intergeneracional**.

Diferentes estudios demuestran que el estrés prenatal materno y el trastorno de estrés postraumático pueden provocar problemas en el flujo sanguíneo uterino, bajo peso al nacer y parto prematuro (Bowers y Yehuda, 2016).

De hecho, se han encontrado pruebas de los efectos del trastorno de estrés postraumático de las madres en el desarrollo fetal y las enfermedades neonatales en todo el mundo y en tiempos difíciles de la historia. Por ejemplo, se han observado efectos a largo plazo en hijos adultos de supervivientes del Holocausto, que tienen un riesgo significativamente mayor de sufrir trastorno de estrés postraumático, depresión y trastornos de ansiedad, como también ocurre con las mujeres embarazadas que estuvieron en el atentado de las Torres Gemelas (Yehuda *et al.*, 2008). Se descubrió que los descendientes de mujeres expuestas a la hambruna y sus consecuencias fisiológicas y psicológicas tenían mayor riesgo de mala salud en etapas posteriores de la vida que los descendientes de mujeres no expuestas a dicho evento.

Todos estos datos tan reveladores me hacen pensar en libros como *El cuerpo lleva la cuenta* o *Este dolor no es mío*, que hablan del impacto de las memorias traumáticas en nuestro cuerpo y en nuestro sistema familiar presente y pasado, es decir, las personas, vínculos y dinámicas que conforman o conformaron nuestra familia.

Un ejemplo de trauma generacional es la transmisión de la hambruna vivida en España durante los años cuarenta. Piensa si alguna vez te has dado cuenta de que en casa de tu abuela o alguna persona mayor de tu familia la despensa y la nevera casi siempre está llena; que cuando van al supermercado, compran paquetes pares en vez de unidades, o si te han dicho cosas como: «No puedes dejar nada en el plato», «Tienes que terminártelo todo» (algo que choca de frente con la presión estética en las mujeres y mensajes como: «No te pases con la comida», «Te pongo menos, que deberías estar a dieta», «Trata de quedarte con hambre en vez de quedarte llena»). **¿Te suena algo de lo que te digo?**

Nuestro ADN es como un manual de instrucciones de nuestro cuerpo, una guía para saber lo que se tiene que hacer en cada momento. En ese sentido, tanto el ambiente como la historia de una persona influyen en la expresión de los genes y generan cambios para hacer frente a necesidades específicas en momentos determinados, que pueden transmitirse a sus hijos.

La ciencia encargada del estudio de esta influencia «externa» en el ADN se conoce como **epigenética**. El prefijo *epi* significa «sobre» o «por encima»; eso quiere decir que se puede modificar la expresión de los genes sin alterar el ADN, sino poniendo información por encima. Esa información añadida, como en capas superiores, proviene de las interacciones entre el medioambiente y el genoma humano.

Interacciones como un evento traumático que no ha podido ser elaborado, factores internos de la personalidad como las emociones, el estado anímico y algunas conductas no trabajadas pueden influir y activar un gen sin modificarlo, cambiando la forma en que se expresa.

Así pues, la epigenética investiga los factores que provocan los cambios en la forma en que se expresan los genes. Haber vivido un trauma y no haberlo procesado puede impactarnos y hacernos susceptibles en términos genéticos, y, si eso ocurre, nuestro ambiente puede ser menos favorable a estos cambios epigenéticos y generarnos factores de riesgo, y no de protección, ante ciertos fenómenos.

Con esto no quiero decir que si algún familiar ha sufrido un trauma tú lo vayas a sufrir del mismo modo, pero **ninguna experiencia ocurre sin consecuencias**.

En sesiones, cuando alguna paciente me pregunta si el trauma heredado generará en ella el mismo malestar o sufrimiento que causó en su madre, siempre contesto lo mismo: **«Todo depende de una suma de factores y atiende a ellos»**. Cada bebé nace con su propio temperamento.

Imagínate un par de bebés gemelos. Llevan una carga genética, no han vivido ningún acontecimiento relevante más allá del nacimiento, y, a pesar de esto, hay una diferencia entre ellos:

a uno le cuesta más dormir que al otro; a uno de ellos le gusta más comer; uno es más calmado, el otro más inquieto... Es decir, tienen una base de personalidad propia.

Sin embargo, desde mi enfoque basado en el trauma y apego y en el modelo de sistemas de familia interna, hablamos de **cargas por legado**: pensamientos desagradables y duraderos (como la vergüenza, el miedo, la culpa) y creencias («Soy mala persona», «No soy suficiente») que se originaron en el pasado y que hemos heredado a través de nuestro sistema familiar, en este caso, de la figura materna, y de nuestra cultura a partir de interacciones con nuestros cuidadores. Estos, al tratarnos de la misma manera que los trataron a ellos, nos convierten en víctimas de una especie de contagio emocional, siendo susceptibles a vivir los mismos sentimientos de nuestros padres (Sinko, 2016).

Aunque podamos separar, por un lado, la transmisión genética y, por otro, el legado de nuestra madre, somos conscientes de que están ahí, porque es algo que no atiende a nuestra persona, sino a otras. Un tipo de carga por legado, por ejemplo, es lo que nuestra madre nos ha contado sobre las emociones: que estas no son útiles, que se interponen en las decisiones más importantes y que debemos dejarlas de lado para pensar con claridad. Cuando nos damos cuenta de que esta creencia sobre las emociones fue transmitida, y en cierta manera impuesta, podemos elegir conscientemente si nosotras creemos lo mismo o si, por el contrario, aceptamos que ese ha sido el papel de las mujeres de la familia, la cruz que han cargado y de la que nosotras podemos y necesitamos liberarnos.

EJERCICIO

A continuación te propongo bucear en tu sistema familiar para descubrir cuáles son tus herencias, las traumáticas, y cuáles las capacidades y fortalezas.

Para ello, hay una herramienta en psicoterapia, el genograma, que nos permite recolectar información sobre las personas que conforman nuestro sistema y cómo se relacionan entre ellas. Te recomiendo que te centres en seguir la pista hasta dos generaciones anteriores a la tuya, llegando hasta tus abuelos maternos, y reflexiones sobre cómo crees que sus experiencias resuenan en la tuya, centrándote especialmente en las de tu madre.

Genograma familiar

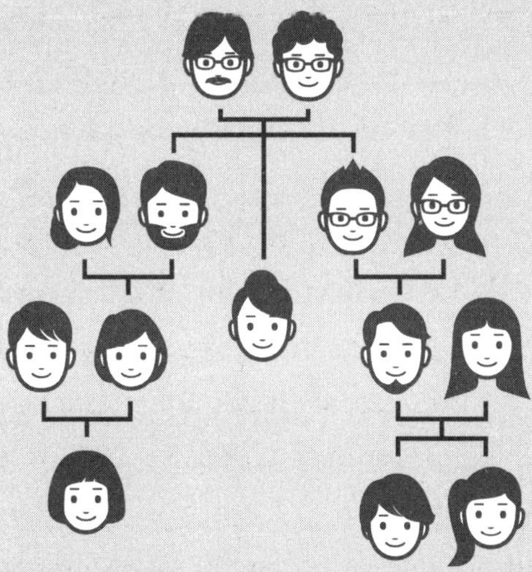

En resumen, según este enfoque, no es de extrañar que, si tenemos una madre sobreexigente, lo seamos con nosotras mismas; o que si todas las mujeres de nuestra familia han cumplido sus sueños al divorciarse, podamos creer que tener pareja equivale a renunciar a lo que ansiamos. Estas son cargas por legado que pueden ocasionarnos mucho malestar y dañar el vínculo.

Sé que es duro ver cuánto nos impacta todo esto y que hay veces que nos gustaría que nada de eso hubiera ocurrido. Es un peso en la mochila que nos cuesta mucho tiempo mirar y, en consecuencia, liberar. Lo siento, de corazón. Pero no estás sola. La mayoría somos hijas del trauma.

EJERCICIO

Si estuviéramos conociéndonos en una sesión de terapia y te preguntase por antecedentes familiares, ¿sabrías ver cuáles de tus cargas son heredadas? ¿Qué tipo de carácter se repite entre las mujeres de tu familia? ¿Cuáles de tus cargas compartes directamente de tu madre?

....

....

....

....

....

....

El impacto de la herida en la seguridad recibida

Me gustaría que las siguientes páginas puedan ayudarte a reconocer mejor la importancia que tuvo tu madre en tu aprendizaje emocional.

Hay algo en lo que siempre insisto en las sesiones: **no sabemos hacer las cosas hasta que sabemos cómo se hacen**. Quizá esto te parezca una obviedad, pero a nivel emocional quien tenía que enseñarnos esa parte era nuestra familia, especialmente nuestra madre. Hasta los seis años, madre e hijo comparten un vínculo a partir del cual el bebé va a ir conformando su personalidad y aprendiendo a manejar sus emociones.

Hasta esta edad necesitamos de la ***corregulación***. Es decir, necesitamos a alguien que nos contenga cuando la emoción nos desborda. Necesitamos a alguien que nos diga con dulzura y empatía: «Cariño, es normal que estés frustrada, querías llegar antes al parque y nos hemos retrasado». Alguien que nos ayude a verbalizar aquello que todavía no sabemos explicar con frases como: «¿Puede ser que estés aburrida?». Alguien que nos ayude a transitar lo que sentimos sin juicio y sin avergonzarnos con un compasivo: «Llora, está bien, quizá eso te hace sentir mejor».

Para poder desarrollar la capacidad de **autorregulación** y ser capaces de sobrellevar, por nuestra propia cuenta, emociones fuertes sin sentirnos abrumadas por ellas, **necesitamos primero esa *corregulación***.

La **autorregulación** es una habilidad que aprendemos a través de la interacción con las personas que nos acompañan, por eso es necesario que sintamos que hay alguien ahí para ayudarnos a atravesar esas emociones e integrarlas en nuestra rutina.

El **círculo de seguridad parental** es un programa diseñado para ayudar a familias a crear un apego seguro con sus criaturas. Este programa, creado por los psicoterapeutas Glen Cooper, Kent Hoffman y Bert Powell, me ayuda mucho a explicar de una forma sencilla lo que ocurre cuando no se dio la seguridad que tenía que producirse en nuestras interacciones en la infancia, especialmente con nuestra figura materna.

Cuando hablo de la figura materna no quiero que te imagines una madre fría y distante que no nos abraza, que nos juzga y nos crítica. Hay madres que sobreprotegieron y llaman todos los días que también despiertan el malestar y hacen aflorar la herida.

El círculo de seguridad defiende que la figura de apego seguro debe tener una actitud equilibrada entre la firmeza y el cariño, pues la mayoría de las veces hemos recibido una cosa y ha fallado la otra. Quizá han sido muy cariñosas, pero no hemos sentido que fueran unas buenas guías con sus límites, o han sido demasiado rígidas y no los han transmitido con comprensión y sensibilidad. La teoría en la que se basa el programa comprende que, para dejar de depender, primero hay que depender y tenemos que percibir que tenemos una base y un refugio seguros para la exploración y la bienvenida al regresar.

CÍRCULO DE SEGURIDAD
Madre/padre atento/a a las necesidades del niño/a

Si recuerdas el experimento de la situación extraña desarrollado por Mary Ainsworth, los bebés comenzaban explorando la sala de juguetes acompañados por la mirada de su madre, sintiéndose seguros en la autonomía gracias a su presencia.

La seguridad en la exploración es precisamente esto: sentir apoyo cuando nos alejamos; sentirnos confiadas para dar nuestros primeros pasos y para ponernos a prueba; sentirnos acompañadas y seguras para poder hacer las cosas que nos dan miedo de manera progresiva; sentirnos seguras para tomar nuestras propias decisiones y estar abiertas a equivocarnos.

EJERCICIO

¿Cómo se podría ver hoy la falta de seguridad en la exploración con tu madre?

- «Si nunca te ha gustado. Anda, primera noticia de que ahora te gusta el queso».
- «Más vale pájaro en mano que ciento volando, no te cambies ahora de trabajo».
- «¿Estás segura de esto? Creo que te equivocas, pero bueno, tú verás».
- «Oye, si te da miedo, no lo hagas, no vale la pena sufrir, cariño».
- ....
- ....
- ....
- ....
- ....

Tomando de nuevo como referencia el experimento, la **seguridad en la bienvenida** es la parte del reencuentro, el abrazo que reconforta y calma después de un momento estresante. La seguridad en la bienvenida se siente cuando tenemos ganas de contarle a nuestra madre lo que nos ha pasado durante nuestra salida o exploración en vez de ocultárselo; cuando queremos llamarla para hablar con ella de un problema porque sus palabras nos van a aliviar, como si fueran un bálsamo reparador; cuando sabemos que va a celebrar nuestros logros y nos vamos a sentir reconocidas; cuando sentimos que, al volver «a casa», nuestra presencia es importante.

EJERCICIO

¿Cómo se vería hoy una falla en la bienvenida?

- «Otro día no te vengo a recoger y mejor pides un taxi. La de tráfico que hay...».
- «Ay, no me acuerdo de lo que me estabas diciendo, das tantos rodeos, que desconecto».
- «Mira, si vienes con este humor, mejor que otro día no vengas, eh, que eres una quejica».
- «Vaya, estás desaparecida, este fin de semana no me has dicho nada».
- ....
- ....
- ....
- ....
- ....
- ....

Cuando hablo de las fallas en la exploración o en la bienvenida me refiero a las rupturas de confianza que se han producido en el vínculo, a las necesidades no cubiertas.

En cambio, cuando hablo de ruptura relacional me refiero al momento en que perdemos la conexión emocional en el vínculo y nos separamos afectivamente de nuestras figuras de apego.

¿Y qué provoca que estas rupturas no se reparen?

Pueden ser debido a la **retirada o falta de conexión emocional** cuando la necesitamos (invalidación de una emoción o estado anímico, respuestas confusas o inconexas, cambios abruptos de tema y sentirse poco escuchada o comprendida), por la

confrontación y rechazo a la autenticidad (quejas directas hacia la persona, hacia sus decisiones o actividades) o por **omisión** al esperar ciertas respuestas o acciones que no se han dado.

- «Deja de estar triste, así no se resuelven las cosas».
- «¿Seguro que fue así? Creo que a veces exageras».
- «No llores, ya sabes cómo es, no se lo tengas en cuenta, que te quiere mucho».
- «Para de comportarte así, pareces tonta».

Detrás de frases como estas encontramos una ausencia en la integración de las dos partes o versiones de una misma situación. Por un lado, la respuesta orientada a educarnos en el aprendizaje y la autonomía; por otro, nuestra dependencia emocional temporal mientras éramos niñas y necesitábamos que figuras como nuestra madre fueran ejemplo de validación y seguridad.

No obstante, hay ocasiones en las que **los traumas con t minúscula pueden esconder traumas con T mayúscula**. En el caso de Alicia, de veintiún años, fue así.

Alicia tenía en la memoria más reciente, de cuando tenía catorce años, recuerdos con su hermana pequeña de cuatro años en los que, según me decía, su madre se comportaba de forma extraña: de repente se ponía a gritar y luego se quedaba muy agitada. Un día Alicia me relató que su madre había tenido una reacción desmedida al llegar a casa y verlas jugando en el sofá con almohadas, haciendo una guerra entre ellas.

¿Qué llevó a su madre a comportarse así? Una conclusión que sacó Alicia es que su madre estaba amargada. Con el tiempo, salió otra más dolorosa: ella no era una hija tan maravillosa como lo era su hermana pequeña, y su madre se había dado cuenta antes de que naciese su segunda hija, y por eso había decidido tenerla tantos años después.

Nos podríamos quedar ahí, la historia podría ser esta y el trabajo terapéutico basarse en que Alicia se sintiera valiosa e importante a pesar de las explosiones de ira de su madre. Pero la historia continuó. Alicia me dijo que un día sintió que ya no podía más; cogió a su madre de los hombros y la zarandeó diciéndole: «¡Para ya, mamá! ¿Qué te pasa? No entiendo por qué te pones así cuando juego con mi hermana. ¿Acaso piensas que estoy educándola mal y que la estoy convirtiendo en una mala hija, como yo? ¿Acaso te gustaría que fuera tan perfecta como ella?».

Con lágrimas en los ojos y armándose de valor, al ver el dolor de Alicia, su madre le contó que, cuando las vio con las almohadas, recordó un suceso de su pasado: su primo había abusado de ella, y todo ese ruido había actuado como un detonador o disparador que le hizo recordar ese trauma con T mayúscula a través de algunos estímulos visuales y auditivos. Su madre no era consciente de que esas explosiones estaban relacionadas con el abuso que vivió de pequeña. Aunque extrema, esta historia es un ejemplo de un trauma transgeneracional.

Aquello fue la punta del iceberg, pues seguramente la historia de abuso de la madre tuvo que aparecer de alguna forma en su historia vital, y sin vivirlo directamente, Alicia sufrió las consecuencias del trauma que experimentó su madre en la infancia. Recuerda: tu madre también fue hija. También fue niña antes de tu llegada y, probablemente, también sufrió.

Tal vez estas palabras no te consuelen. No pretendo con ellas quitarle dolor a tu experiencia ni compararla con otras: quiero que sepas que no hay nada malo en ti, que algunas cosas no tienen que ver contigo.

Para mí es importante que tengas clara **la diferencia entre la emoción y la decisión**. Es posible ver el sufrimiento de tu madre y conectar con su emoción, a la vez que decides no aceptar según qué circunstancias o comportamientos. Sin embargo, creo que, para que eso ocurra de una forma consciente, es necesario pasar por todas las fases del duelo de la relación. Vivir la relación desde el rencor y la venganza es una forma de seguir en conexión, un tipo de conexión que nos puede hacer mucho daño.

No sé cómo es hoy en día la relación que tienes con tu madre, ni las cosas que habrás vivido con ella. No sé cómo te sientes al leerme, aunque probablemente haya dentro de ti una niña que se siente vista. **Deseo que tu adulta pueda recoger algo de lo que te digo.**

Sé que testimonios como este suelen ser muy removedores, pero escucho historias de culpa y vergüenza, silencio y dolor en consulta con más frecuencia de la que me gustaría. Necesitamos hablar de nuestras heridas para protegernos.

3

LA IMPORTANCIA DE UN APEGO SEGURO

Querida mamá:
recordaba mi infancia de una forma que no se parece a como tú me la contaste. Ahora sé que, aunque lo tuve todo, a veces me faltaste tú.

Aunque este libro no vaya sobre mí y mi herida materna, considero que haber atravesado mi propia historia de reconocimiento y sanación de esta herida hace que la pueda separar de la tuya y, a la vez, entienda lo que estás atravesando. Porque sí, **yo también inicié una vez este camino** y creo que mi experiencia puede ayudarte, ofrecerte un espejo en el que reflejarte. Como les digo a las personas que acompaño en su proceso terapéutico, fue un momento en que «me tocó arremangarme» y remover todo aquello que en procesos anteriores no había querido ver, tocar o sentir.

Estuve durante tres años en ese proceso y, aunque el motivo por el cual pedí ayuda no tenía que ver con mi madre, lo que hablamos sobre ella y sobre nuestra relación no me dejó indiferente en absoluto. Ese saber lo he integrado por completo años después, y escribir estas líneas me ha hecho ser más consciente de todo lo que viví y todo lo que sané en terapia.

Cuando experimentamos un suceso traumático y tenemos una herida, los cambios en la reparación nos parece que se producen de una forma muy lenta. Quizá son lentos en comparación con lo rápido que te gustaría avanzar, pero lo importante es que sean firmes y que sanen de verdad. Como te decía, yo misma los he integrado en mi experiencia tiempo después, probablemente porque una parte de mí atravesó una fase de negación muy grande a la hora asumir que el malestar del presente tenía que ver con mi pasado.

En ese proceso tomé conciencia de heridas de las que yo no tenía ni idea, y lo más doloroso fue que me di cuenta de que, en algunas experiencias pasadas, me había sentido desprotegida, poco reconocida y validada. Como consecuencia, eso había derivado en una herida emocional en el vínculo con mi madre.

Compartiré algunos aprendizajes de esos años. Ya te avanzo que **atravesé distintas fases con respecto a la relación con mi madre**. Hubo sesiones en las que me sentí muy culpable por hablar de lo que sentía, del dolor; otras en las que me daba vergüenza expresar mi enfado; otras en las que conecté con mucha rabia y era hiriente; otras en las que conecté con la injusticia, con el dolor, con el vacío; otras en las que necesitaba distanciarme porque me molestaba su presencia; otras en las que conecté también con la dicha, con la compasión.

Un día quedé con una amiga. Estuvimos paseando y desayunando juntas, y, aunque os juro que lo de que psicoanalizamos todo el rato no es verdad, es cierto que en muchas ocasiones en nuestras conversaciones acaban asomando las **heridas emocionales**.

Mi amiga y yo tenemos mucho en común, además de nuestros intereses y del cariño que sentimos la una por la otra: ambas nacimos en el mismo año y, cuando hablamos de nuestras familias, las dinámicas y heridas que relatamos son bastante parecidas. Nuestros padres se han esforzado mucho en educarnos para que fuésemos buenas personas, trabajadoras, y lo han hecho como lo vivieron: reforzando que fuésemos obedientes y responsables.

Muchas veces han querido sacar lo mejor de nosotras desde la exigencia y no tanto desde la comprensión, y eso ha hecho que en casa estuviese mucho más presente la firmeza que la sensibilidad, sin conseguir ese equilibrio entre firmeza y cariño del que te hablaba en el capítulo anterior.

Estoy segura de que al leer esto una gran parte de las lectoras se sentirán identificadas. Hay muchas situaciones que las mujeres de nuestra generación (aunque no exclusivamente) compartimos. ¿Alguna vez has sentido que eras una carga cuando te ponías enferma y tu madre tenía que hacer malabares para cuidar de ti e ir al trabajo? ¿Alguna vez has sentido que tus logros no recibían la enhorabuena que en el fondo deseabas? ¿Alguna vez se quejaban y ponían los ojos en blanco por tener que ir a recogerte a la fiesta de cumpleaños a la que te habían invitado?

En nuestro caso, el de mi amiga y el mío, compartíamos **la sensación constante de que no hacíamos las cosas tan bien como tendríamos que hacerlas**; no sacábamos las mejores notas; y que todo iría mejor si lo hacíamos como nos decían. Y aun así, haciendo todo al pie de la letra, siendo una «buena niña» y «una buena hija», el reconocimiento y el cariño no estaba asegurado. Nunca era suficiente.

No había nadie que nos ayudara a atravesar la incomodidad, a poner palabras y darle claridad a la confusión. En esos momentos, no solo era necesario que validasen lo que sentíamos, sino también que nos dotasen de **capacidad para resolver conflictos y ambivalencias**.

Y eso, en gran parte, esperábamos que lo hiciera nuestra madre, por **la conexión que nos une desde el momento en que nacemos o desde que nuestros caminos se unieron**.

Una conexión emocional única

Nils Bergman, creador del método de contacto piel con piel después del parto, es quizá el pediatra neonatólogo más conocido del mundo por sus estudios en neurociencia perinatal, algunos de los más relevantes que existen. Su trabajo de no separar al bebé de la madre en el momento del nacimiento tiene que ver con la voluntad de no interrumpir el proceso de desarrollo de ambos y la transmisión de información epigenética: cuando ese momento se ve interrumpido por algo externo, aumenta la inseguridad del bebé.

Según Bergman, al separar a la madre y su bebé tras el nacimiento, se reduce la capacidad de regulación y la protección del cuerpo y el cerebro del bebé, y esto lleva a una conexión emocional en déficit y a una vulnerabilidad aumentada frente al estrés para toda la vida.

De acuerdo con la neurociencia, según cómo sea la primera experiencia que tengamos en el mundo, la señal que recibirán nuestros receptores genéticos ayudará a nuestro cerebro a que las conexiones que se establezcan sean propias de estar en un mundo acogedor o peligroso.

De hecho, nuestro entorno afectivo específico empieza a existir desde que el feto está en el útero materno, concretamente nos afectan los estados emocionales de nuestra madre biológica (Verny y Kelly, 1988; Verny y Weintraub, 2011).

Las emociones de nuestra madre participan en la formación de nuestras conexiones neuronales, así que **heredamos también parte de su historia y cultura**.

Si lo que vivimos al nacer fue una separación prolongada de nuestra madre, esto implicará que empezaremos nuestra historia con un alto nivel de estrés, lo que supone segregar cortisol, la hormona del estrés, para hacer frente al peligro. Hasta aquí, esta activación es una respuesta orgánica y necesaria, pero si se mantiene ese estrés a largo plazo, los efectos para nosotras y nuestro desarrollo serán perjudiciales a distintos niveles.

De hecho, durante la gestación, la madre comparte las emociones con el bebé, que se transmiten mediante la hormona del estrés y de la tranquilidad (oxitocina y endorfinas). Estas hormonas crean en el bebé estados fisiológicos correspondientes a los estados emocionales maternos. Si estos estados se repiten, crean predisposiciones de carácter que pasan a formar parte de los componentes innatos de activación.

Como hemos visto, desde el periodo perinatal hasta los primeros seis años de vida se establecen las bases de la salud física y psicológica y se cimentan las relaciones de apego en el vínculo materno. Es decir, nuestros primeros años de vida son funda mentales para sentir esa seguridad desde que llegamos al mundo: desde ese momento necesitamos saber que no estamos solas, y cuando nos han separado al nacer, nuestro cerebro ya ha tenido que gastar energía para recuperarse del estrés. Y no solo al nacer: el periodo de exterogestación, que comprende los primeros nueve meses fuera del vientre, también son de gran importancia para sentir ese vínculo que, aunque ya no nos nutre a través del cordón umbilical, nos debería nutrir en otras formas.

Dada la importancia de esa conexión desde el inicio de nuestra vida, cuando nos sentimos desconectadas de nuestra madre y la necesitamos, o cuando la sentimos distante o alejada de nuestro mundo interno y creemos que no puede acompañarnos a transitar nuestras emociones y necesidades y a darles voz, se nos hace muy difícil, y nos duele mucho.

Esto era lo que le ocurría a Carla, de veintidós años. Cada vez que estaba con su madre, sentía que esta no la entendía, y que, por mucho que ella le explicase, no llegaba a comprender qué le ocurría.

Cuando llegaba a casa triste por algo que le había pasado durante el día en la oficina, en vez de la conexión con sus emociones y el intento de ayudarla a transitar esa emoción, lo que Carla recibía era un: «¿Qué te pasa ahora para que tengas esa cara?».

Lo que sentía Carla era que en su propia casa no era bienvenida, no tanto ella, sino su tristeza. Pero, al ser ella quien vivía esas emociones, evidentemente creía que, en parte, también la rechazaban a ella.

Nos dimos cuenta de esa distancia emocional que había entre Carla y su madre en consulta, al hablar sobre lo crítica que era Carla con ella misma. Tras varias sesiones, se dio cuenta de que, cuando no se sentía bien, se repetía lo que su madre le decía.

Desde el enfoque terapéutico de la reparación de apego y trauma, muchos comportamientos y conductas tienen su **origen** en lo que nos ocurrió en la infancia, no tanto en el hecho en sí ni en el momento en que tuvo lugar el acontecimiento, sino **en cuán acompañadas o solas nos sentimos**.

Si Carla no me hubiese puesto en antecedentes, probablemente le habría dicho: «Tú te tienes que hablar como le hablarías a tu amiga». Pero, en realidad, con eso me habría perdido la mitad de la historia. Gracias a seguir indagando en su pasado y en su relación madre-hija, descubrimos que, cuando era pequeña, se sintió muy sola y desconectada de su madre y esta desconexión se trasladó a la relación que tenía consigo misma.

Si la falta de conexión, sea por una separación puntual o repetida, se produce en edades tempranas, influirá en cómo se produce el cableado neuronal, y cómo nuestro sistema nervioso autónomo aprenderá qué es seguro y qué no lo es.

Ante dichos fallos en la conexión nuestro sistema nervioso tenderá a la **hiperactivación** (un estado emocional en el que sentimos con mucha intensidad emociones incómodas y en el que se produce la respuesta de lucha o huida) o a la **hipoactivación** (un estado en el que se da la respuesta de congelación o desconexión). Más adelante te hablaré en detalle sobre esto.

No es mi intención cargar un peso insostenible sobre los hombros de la mujer. Sin embargo, no puedo negar la evidencia y la información que tenemos sobre la importancia de la figura materna.

Para que comprendas la totalidad de lo que supone esta conexión, te voy a explicar algo que, cuando lo descubrí, me sorprendió muchísimo. De hecho, reconozco que mientras escribo estas líneas me emociono al pensar en mi abuela, alguien muy importante en mi vida.

De madres a madres y de hijas a hijas

¿Sabías que estuviste en el vientre de tu abuela materna? Sí, sí, así como lo lees. Pasado el shock inicial, deja que te cuente un poco mejor: **los óvulos empiezan a formarse cuando estamos en el vientre de nuestra madre**, cuando todavía somos un embrión alrededor del tercer mes de embarazo, aunque no empiezan a madurar hasta la pubertad.

Desde la gestación hasta la pubertad sobreviven unos cuarenta mil ovocitos y, de ellos, menos de quinientos son los que maduran, convirtiéndose en óvulos que pueden ser fecundados.

Cuando tu abuela estaba embaraza de tu madre, el feto ya formó los ovocitos totales que iba a tener a lo largo de su vida. Uno de esos ovocitos iniciales lleva ya tu nombre. De alguna forma, has estado dentro del vientre de tu abuela materna y, por ello, también llevas información de ella, una muestra de la herencia y la epigenética de la que hablábamos en capítulos anteriores.

Las emociones presentes en el momento de tu concepción, la de tu madre y, probablemente, la de tu abuela son muy **importantes para comprender de dónde venimos y qué necesidades pudieron estar desatendidas en ese momento**.

Se dice que en nuestra abuela materna se inicia nuestra historia, y puede ser clave para comprender el sentido de nuestro comportamiento por toda la cantidad de información que heredamos epigenéticamente y que se transmite entre generaciones.

Si pienso en mi historia, no cabe duda de que mi parte más preocupada estaba muy presente en mi abuela. Cuando ella se despedía de mí, me decía: «Ten cuidado y llámame al llegar». El trayecto de su casa a la mía era de treinta minutos cuando andaba ni muy rápido ni muy lento. Si tardaba treinta y cinco, me llamaba preocupada. Hoy en día, si no me doy cuenta, actúo con mis seres queridos de la misma manera que ella lo hacía conmigo.

Sé que hay veces en las que, cuando observamos desde un lugar amoroso esta herencia —con esto no me refiero a mirar con amor a las personas que nos la han trasladado, sino mirarte a ti misma y a quién eres con comprensión y afecto—, conocer estos hallazgos significa **tomar conciencia de que llevas en ti la historia de muchas mujeres de tu familia, con sus luces y sus sombras**.

También quiero que sepas que la herencia no lo es todo. Tú eres ahora la que lleva el timón y defines tu camino. Puedes crear una historia distinta a la de las mujeres que te han precedido. Tu pasado define tu origen, pero tú decides la dirección de hoy en adelante.

Tu ventana de tolerancia

Me parece importante trasladarte que esta información que llevas en ti **no tiene por qué ser traumática como tal**.

Si nos diesen la opción, nadie elegiría el rechazo o la invalidación emocional. Una cosa es sentir que algo es desagradable y que ojalá no ocurriese, y otra cosa es que, cuando eso ocurre, sintamos que no tenemos salida, que nuestro destino siempre será este, que ya no sabemos qué más hacer, que nos sintamos atrapadas... Y eso nos lleva a preguntarnos si hemos reparado ya las heridas del pasado que cargamos.

Hay veces que nos sorprende vernos repetir algún comportamiento que sabemos por nuestra propia experiencia infantil que fue muy doloroso.

Esto era algo que le ocurría a Amaia, de treinta y cuatro años. Cuando vino a verme a consulta, me contó que le preocupaba tratar mal a sus hijas de cuatro y siete años. Perdía la paciencia enseguida y les gritaba. Les decía continuamente cómo comportarse, y si no lo hacían como ella quería, se ponía muy nerviosa y llegaba a decirles cosas muy hirientes, algo que no le gustaba en absoluto: recordaba que su infancia había sido así y no quería lo mismo para ellas. Sin embargo, era incapaz de controlarse y estallaba.

Recuerdo que Amaia me contó una escena en concreto. Un

día fueron a una zapatería y las niñas empezaron a tocar algunos zapatos expuestos. Ella las reprendía para que parasen, les ponía mala cara, las agarraba fuerte del brazo y las sentaba en su sitio. Al relatarlo, me decía: «Es que me sale solo, y al cabo de un rato me siento superculpable y mala madre, pero en ese momento es como si no tuviera otra forma de hacerlo».

Ese día le conté a Amaia lo que te voy a contar a ti ahora, para que supiera que, aunque ella ahora, en la vida adulta, supiera que quería criar en el respeto, **las conexiones con su sistema nervioso habían sido creadas de una forma concreta hacía mucho tiempo**. De hecho, se imprimió una copia no exacta pero sí muy parecida del sistema nervioso de su madre.

Si la madre de Amaia no sabía gestionar los momentos estresantes cuando ella era una niña, probablemente ella no aprendió a regularse en los momentos estresantes, ni a tolerar la frustración.

Antes de continuar, me gustaría hablarte de Porges (2016), creador de la **teoría polivagal**, y del término **neurocepción**, un proceso inconsciente que evalúa las características del entorno en términos de seguridad y amenaza y determina el nivel de activación a través del sistema nervioso autónomo, especialmente de las ramas del nervio vago.

Esta teoría nos permite entender cuál fue el resultado del trauma relacional en nuestro sistema, activándolo o desactivándolo de la zona óptima: acontecimientos inesperados (como el hecho de que las hijas de Amaia tocaran esos zapatos) pueden hacernos sentir desbordadas y somos incapaces de responder de una forma adaptativa. Los niveles de activación fisiológica pueden variar y es normal que existan situaciones que nos alteren, pero digamos que sería un estrés dentro de una sensación global de seguridad y permanecería dentro del llamado **margen de tolerancia** de la persona.

Si Amaia no hubiese tenido en su sistema y en su memoria el recuerdo de que una escena de su infancia similar había sido motivo de vergüenza y humillación ante los ojos de los demás, podría haber hablado desde la firmeza y la sensibilidad, pero cuando eso no ha ocurrido, nos podemos encontrar la reacción desproporcionada de Amaia o también la ausencia de reacción en una situación que lo requiere.

Los sistemas de defensa se activan cuando detectan una amenaza o peligro para la vida. Cuando somos pequeñas, el grito de protesta por la separación es una señal de que nos estamos saliendo de ese margen de tolerancia y de que necesitamos volver pronto a la seguridad. Si nadie viene a cogernos ni a atendernos cuando lloramos, finalmente nos dormiremos, pero de agotamiento, no por sentirnos seguros. **Sería como si se apagaran los plomos después de haber sostenido muchísima tensión y que, entonces, se produjera un apagón.**

Cuando la crianza no garantiza la sensación de seguridad, la excitación **oscila entre extremos de hiperactivación e hipoactivación** y el sistema de conexión social no puede funcionar de un modo óptimo. Es decir, que nos vamos de un extremo a otro, del subidón de tensión al apagón. Nos cuesta bajar o subir progresivamente debido a la falta de acompañamiento para regularnos que tuvimos.

Los niños que sufren un trauma relacional tendrán dificultades para regularse por sí mismos o pedir ayuda y dejar que otros los acompañen. Estas respuestas inicialmente son adaptativas al ambiente en el que crecemos (si cada vez que voy a buscar a mi madre no está, al final dejo de ir a buscarla para no volver a sentir el rechazo o la soledad). Pero si el ambiente cambia (por ejemplo, ahora tienes un grupo de amigos o una pareja que sí están) y el sistema de alerta se manifiesta de la misma forma, **pueden convertirse en patrones desactualizados que no nos permiten leer las situaciones en el presente y nos mantienen atrapadas en el pasado**.

LA VENTANA DE TOLERACIA: MANTENERSE EN EL MARGEN DE ACTIVACIÓN ÓPTIMA

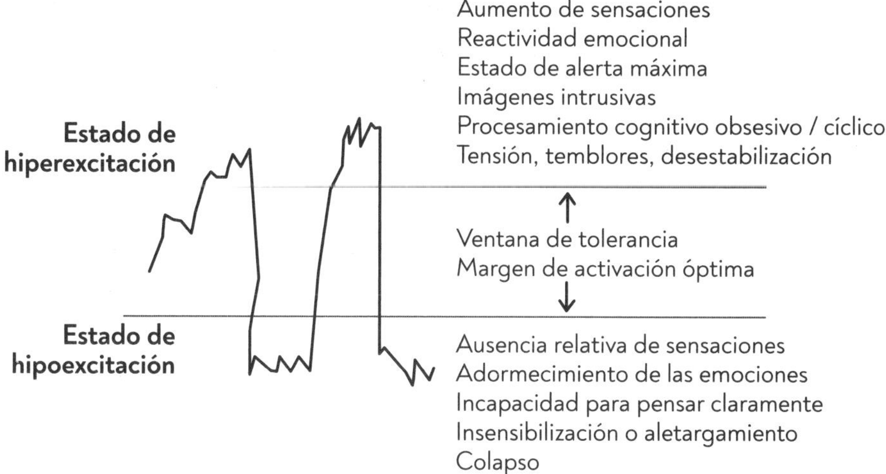

Cuando trabajamos en terapia desde el vínculo, tenemos que ser capaces de permanecer en nuestro propio margen de tolerancia y acompañar a la persona a ampliar su margen, animarla a salir de la evitación y darle la mano para tolerar niveles de activación diversos. **Por eso decimos que la terapia es incómoda, porque nos revuelve**, pero lo ideal es que, aunque nos revuelva, sepamos que **hay alguien que nos sostiene**

y nos ayuda a vivir la experiencia con las herramientas que nos faltaron, para poder cubrir las necesidades que no pudieron satisfacerse en su momento.

> Ampliar nuestra ventana de tolerancia requiere de trabajo terapéutico y esfuerzo, pero no es imposible. Todas tenemos la capacidad de conseguirlo si contamos con los recursos para gestionar el estrés que nos provocan las experiencias dolorosas.

Esto era algo tremendamente difícil para Gabriela, de veintiocho años. Cada vez que empezábamos a hablar de algo que le dolía respecto a la relación con su madre, yo veía que movía la cabeza de un lado a otro, visiblemente intranquila, tragaba saliva, bostezaba, se frotaba los ojos y estiraba los hombros como si alguien le dijese: «Venga, va, mantente firme y no llores».

Gabriela sabía que necesitaba un espacio para desahogarse y hacer cambios, pero cuando sentía algo de malestar, creyendo que no iba a poder sostenerlo, rápidamente cambiaba de tema y trataba de distraer la emoción y la dirección de la terapia.

En consulta, fuimos trabajando juntas su miedo a dejarse sentir. Yo trataba de cambiar el mensaje de «Venga, va, mantente firme y no llores» por el de «Veo que te emocionas cuando hablamos de esto, está bien si tienes ganas de llorar, puedes hacerlo ahora conmigo o quizá luego te apetezca al terminar». Ella no quería hacerlo por si aquello la llevaba a un lugar más hondo y oscuro. Poco a poco, avanzamos hasta que las experiencias que contaba iban acompañadas de emociones dolorosas, pero no sentía pánico.

Cuando nos encontramos en nuestra ventana de tolerancia nos sentimos seguras y podemos autorregularnos para conectar con los demás y ser empáticas, pero si nos alejamos de esta ventana, lo que nuestro sistema buscará es ponernos a salvo: la supervivencia, alejarnos del dolor activamente, irá por delante de cualquier otra conexión o necesidad emocionales.

EJERCICIO

Antes de seguir, tómate unos minutos para parar, respirar y pensar. Cuando te vienen ganas de llorar, ¿qué es lo primero que te dices? ¿Qué es lo primero que te decían en casa? ¿Coincide?

....

....

....

....

....

....

....

....

....

....

....

....

....

....

....

....

Agradezco de corazón que hayas llegado hasta aquí. En mis libros y la divulgación que hago me gusta explicar la teoría, creo que es importante para que conozcas el trasfondo de lo que te ocurre y puedas entender mejor el impacto que tiene nuestro pasado y el vínculo con nuestra madre. Sin embargo, seguramente te estés preguntando: **«Marta, todo esto que me estás contando, ¿cómo puedo verlo en mi caso? ¿Cómo puedo ser consciente de mi ventana de tolerancia?»**.

Deja que te responda con otro ejemplo, el de Lucía, a quien acompañaba en terapia, y Sofía, su hermana, cuya historia conocí a través de la primera. Aunque su madre era la misma, sus maneras de responder ante ella eran muy distintas.

Lucía era la mayor y solía salirse del margen de tolerancia por arriba. Discutía fácilmente con su madre, todos los consejos o recomendaciones que le daba los vivía como un ataque o una presión sobre «lo que debía hacer», estaba a la defensiva y era muy crítica con ella misma y con los demás.

Sofía, en cambio, era más propensa a salirse del margen por abajo, le quitaba hierro al asunto, le daba poca importancia a lo que ella sentía, lo dejaba estar y pensaba en otras cosas; le daba «pereza» afrontar ciertas situaciones, porque, en realidad, sentía miedo a no poder lidiar con ello.

No tenemos una única respuesta para todo: hay veces que situaciones determinadas hacen que respondamos de más y otras de menos, y de la misma manera hay personas que hacen que nuestra respuesta sea más propensa a la irritabilidad o a la desconexión.

RELACIÓN ENTRE LA TEORÍA POLIVAGAL (PORGES), VENTANA DE TOLERANCIA (SIEGEL), LOS TIPOS DE RESPUESTA DEL ORGANISMO Y LA CREENCIA SOBRE UNO MISMO

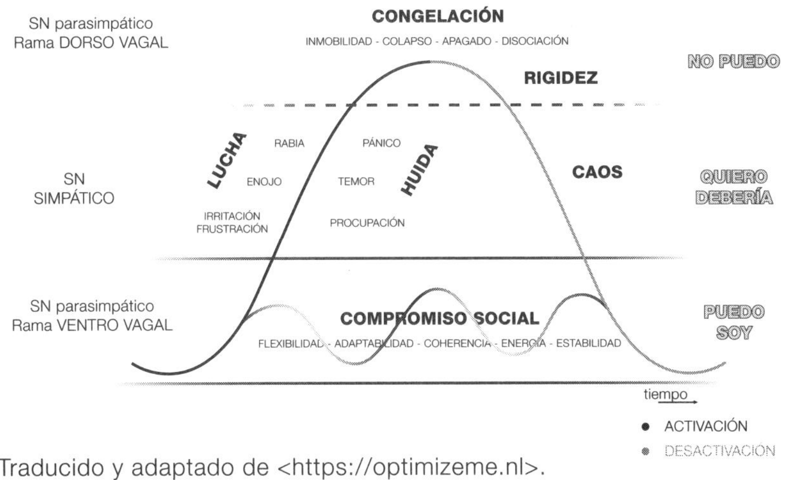

Traducido y adaptado de <https://optimizeme.nl>.

La teoría siempre nos permite tener un punto de referencia. Luego se trata de ver cómo se aplica en nuestro caso y si nos sirve para entendernos mejor y reaccionar para no sentirnos culpables. **No podemos elegir quedarnos bloqueadas cuando una situación requiere de nuestra activación**, pero si conocemos cuál es nuestra tendencia es más fácil **ser conscientes de estas situaciones para salir más pronto de ese estado**. Al contrario, si somos conscientes, como digo yo, de que con nuestra reacción le estamos añadiendo más leña al fuego, podemos elegir hacer una pausa para permitirnos sentir una emoción que sea proporcional al hecho y más fácil de regular.

Lo que principalmente nos ayuda a regularnos cuando somos pequeñas y dependientes es buscar a <u>alguien que nos pueda acompañar a calmarnos y volver a estar dentro de los márgenes</u>.

Si cuando acudíamos en busca de tranquilidad no la recibíamos, qué complicado fue sentirnos seguras.

Cuando somos adultas podemos buscar alternativas a la conexión con otra persona. **No necesitamos que sea nuestra madre.** Hay otros contactos que favorecen esa regulación, como el contacto con la naturaleza o el contacto con el arte, como la música, cantar, dibujar o bailar. Gracias a herramientas como estas, podemos manejar mejor el estrés, ampliar esa ventana de tolerancia poco a poco y trabajar en nuestra resiliencia.

La ventana de tolerancia es la zona donde somos hábiles para sentir y pensar a la vez, incluso estando estresadas, tristes o enfadadas; es decir, sintiéndonos desreguladas por situaciones cotidianas (como perder el autobús por haber salido tarde de casa, conflictos con amistades, rechazos en relaciones de intimidad, despidos, rupturas o pérdidas por fallecimiento).

Además, hay situaciones que actúan como disparadores del recuerdo traumático, pero que no son el trauma en sí, y nos desregulan, como el ejemplo que te contaba en el capítulo anterior de la guerra de almohadas. Ese objeto disparó en la madre de Alicia el recuerdo de la vivencia del abuso, aunque el abuso ya no ocurría en el presente.

El vínculo que establecemos con nuestra madre y reconocer cuáles son las respuestas de nuestro sistema nervioso (y también las suyas) nos ayudará a **entender su papel como uno de los responsables de nuestra regulación emocional en nuestra infancia y los efectos de esa crianza en la actualidad**.

La importancia de un apego seguro

Como ves, tener al lado una figura de referencia que nos aporte seguridad nos ofrece algunas garantías para, de adultas, poder sentir que somos capaces de cuidarnos y a la vez dejar que nos cuiden. Pero ¿cómo podemos saber si tuvimos un apego seguro?

Para ello, te voy a hablar de cuáles son las bases, que aparecen listadas a continuación.

- Exploración
- Aceptación
- Conexión emocional
- Afecto positivo
- Regulación emocional
- Reparación

Veámoslo en la historia de Jessica. Acudió a mí cuando ya era adulta, pero tuvimos que echar la vista atrás para entender mejor el porqué de algunas de sus reacciones ambivalentes. Jessica vivía en su casa con su padre y su madre. Su padre era camionero, por lo que pasaba muchos días fuera de casa.

Traté de entender mejor qué era lo que le ocurría en el presente y de dónde salía ese miedo al abandono cuando a sus amigas una tarde no les apetecía hacer el plan que ella proponía, o el miedo al compromiso cuando su pareja le decía que tenía ganas de que sus padres la conocieran por Navidad.

Tirando del hilo y explorando la relación de Jessica con su madre, comprendí que **se había sentido abandonada emocionalmente en la infancia**. Aunque en ningún momento había experimentado un abandono real, porque sus necesidades de alimento, higiene y un hogar quedaron cubiertas, sí sintió que determinados momentos le provocaban la sensación de abandono. Y eso le dolió mucho. Ahora hablamos del dolor de Jessica, pero si ampliamos el foco, bien podríamos estar hablando de la carga mental y soledad de su madre debido a la ausencia de su compañero de vida por trabajo.

Volviendo a Jessica, la **exploración** significaba permitir que aprendiera por sí misma, pero su madre en muchas ocasiones no la incluía en las tareas de casa. Por ejemplo, hacía ella misma la cena para que su hija no se ensuciase y también para poder ir más rápido. Explorar supone unos riesgos y una presencia, y Jessica, todavía, sentía que había muchas cosas que no sabía hacer y que las hacía de cualquier manera porque, simplemente, nadie le había enseñado.

Respecto a la **aceptación**, recordaba que su madre había juzgado críticamente a algunas de sus amigas durante secundaria. Aunque estos comentarios no habían estado dirigidos a ella directamente, Jessica había sentido que sus palabras escondían un juicio negativo de sus decisiones. Con el tiempo, Jessica no se sintió cómoda hablando de los planes que hacía o invitando a sus amigas a casa, algo que ellas sí hacían. Además, no se sentía aceptada por completo por su madre: si ella pertenecía a ese grupo y el resto no tenían la aprobación, significaba que probablemente ella tampoco la tenía, pese a que no lo verbalizara.

Además, cuando Jessica se mostraba triste, a su madre le costaba conectar emocionalmente. Hacía como si nada, o le restaba importancia, y esta falta de **conexión emocional** muchas veces incrementaba la soledad que Jessica sentía. Su padre estaba físicamente ausente, pero su madre estaba emocionalmente muy lejos de ella.

No obstante, era una figura materna que la colmaba de gestos cariñosos: la abrazaba con frecuencia y le daba besos de buenos días y de buenas noches. Pero el **afecto positivo** es mucho más que estas «caricias» corporales: también son palabras de reconocimiento, un «te quiero» en un momento difícil, cosas que nunca le había dicho a Jessica, pensando que no era necesario porque esas cosas «ya se saben».

A pesar de todo esto, con su padre fuera de casa la mayor parte del tiempo, Jessica no quería darle problemas a su madre, así que no le explicaba todo lo que le ocurría y el malestar que sentía. Su madre hacía lo mismo. Está claro que Jessica no debía convertirse en su confidente, pues era una niña que necesitaba una guía emocional. Algo que habría necesitado es ayuda para **regularse emocionalmente**, lo que, en última instancia, es el acompañamiento hacia la calma. Pero, para ello, es importante primero identificar y hablar de lo que ocurre, y esto era algo que Jessica no hacía por miedo: el miedo a ser una carga.

Las relaciones seguras no son perfectas, pero lo que marca la diferencia en ellas es la **reparación**, la capacidad de asumir responsabilidades y decir cuando es necesario: «Tienes razón», «Me he equivocado», «Lo siento, dime cómo lo puedo hacer mejor la próxima vez», «¿Qué te habría ayudado por mi parte?». Sin embargo, a la madre de Jessica le costaba mucho pedir disculpas por su comportamiento y su distancia emocional: su forma de resolver estas situaciones era hacer una broma para rebajar la tensión y hacer ver que nada había pasado antes para que en casa no hubiera tensión y poder disfrutar juntas de una buena cena y una película en casa.

Todas estas bases no vienen «de serie»: se adquieren y se entrenan gracias al vínculo del apego seguro.

Que te identifiques con lo que te cuento de Jessica no quiere decir que todo esté mal en tu vínculo. Hay situaciones que se habrán repetido más que otras. Estos son ejemplos de necesidades no satisfechas que te brindo para que puedas identificar las cosas que te faltaron, pero **si hoy estás leyendo este libro es porque también hubo cosas que te dieron, te sostuvieron y te trajeron hasta aquí**.

No te voy a engañar, este proceso también es todo un reto para mí: en consulta acompaño a hijas, pero también a madres, y he visto la historia y el dolor desde ambos lados. Aun así, como hija, no puedo negar la soledad con la que convivimos por las carencias en nuestra relación materna.

Sé que la conversación que estamos teniendo es incómoda, pero es necesaria para que sepas esto: ya no estás sola.

EJERCICIO

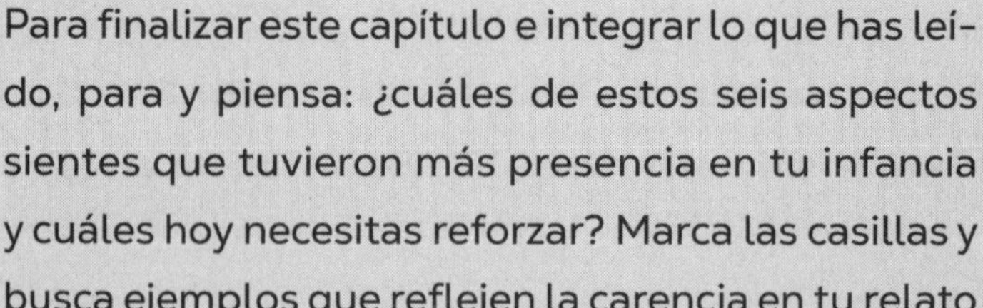

Para finalizar este capítulo e integrar lo que has leído, para y piensa: ¿cuáles de estos seis aspectos sientes que tuvieron más presencia en tu infancia y cuáles hoy necesitas reforzar? Marca las casillas y busca ejemplos que reflejen la carencia en tu relato de vida.

- ☐ Exploración

....

....

....

- ☐ Aceptación

....

....

....

- ☐ Conexión emocional

....

....

....

- ☐ Afecto positivo

....

....

....

- ☐ Regulación emocional

....

....

....

- ☐ Reparación

....

....

....

4

MAMÁ, ¿DÓNDE ESTÁS? AUSENCIA Y VACÍO

Querida mamá:
ha sido muy doloroso darme cuenta de que toda la sobreprotección que viví realmente me desprotegió. Lo que necesitaba era que me dijeras la verdad.

En este capítulo quiero compartir algo personal para que veamos juntas cómo esta herida materna interactúa con nosotras, y resulta determinante a la hora de rodearnos de nuevas personas y socializar fuera de nuestro núcleo o sistema familiar.

No vuelvas a hacerme esto, por favor

Antes de sanar la relación con mi madre y reparar mi propia herida, yo era muy poco tolerante con las personas demasiado positivas (me refiero a ese positivismo tan extendido que inunda libretas y agendas, lleno de sonrisas, alegría, arcoíris y unicornios). Tengo una amiga de la infancia a la que adoro por su capacidad de transmitir energía y optimismo, pero hubo un tiempo en que me irritaba mucho su forma de funcionar, y durante un tiempo dejé de abrirme con ella y mostrarle mi vulnerabilidad, porque al hacerlo no me había sentido vista ni validada. De hecho, me sentía peor que antes. **Cualquier cosa que compartía con ella recibía, en respuesta, comentarios que me invitaban a ver el lado positivo de lo que me ocurría, incluso cuando el malestar era mayor del que podía gestionar en ese momento.**

Me decía cosas como: «Tranquila, tía, no pienses más en eso, no le des más vueltas»; «Lo que hago yo cuando estoy así es escuchar canciones alegres, así me olvido de todo. Pruébalo, ¡seguro que te va bien!»; «Tenemos que salir para ahogar las penas»; «Que le den por saco a todo, tenemos que ser felices, que vida solo hay una».

Soy consciente de que tenía razón con algunas de las cosas que me decía para infundirme aliento y acompañarme, pero en ese momento sus palabras hicieron que cada vez me expresase y compartiese menos con ella. «En el fondo sé que lo dice con buena intención. Sin embargo, me da muchísima rabia y me duele. ¿Por qué, si soy consciente de que intenta ayudarme y tiene razón, siento este malestar?», me decía una y otra vez a mí misma.

Con el tiempo, y gracias a la oportunidad de introspección que ofrece la terapia psicológica, descubrí que, aunque aquello tenía que ver únicamente con la relación entre mi amiga y yo, su forma de responderme me resultaba dolorosamente familiar

Sus respuestas, sus frases hechas y palabras de ánimo en la línea de «tú puedes, ¡anímate!», me recordaban a la manera en que me hablaba mi madre en muchas ocasiones cuando quería quitarle hierro a algo que me generaba malestar, creyendo que así me ahorraba sufrimiento.

Sin darse cuenta, le restaba importancia a lo que sentía y me pasaba. Y, con ello, tenía la sensación de que me invalidaba a mí y a mis emociones.

Aunque parezca una obviedad, las heridas duelen, a pesar de que la intención no sea la de dañarnos. **Todas somos seres humanos y tenemos la capacidad de dañar y de sentir dolor por el daño.**

Hablarte en estos términos ahora, con esta claridad, me costó muchas horas de terapia y alguna lloradita que otra. De verdad, soy consciente porque yo también he estado ahí, donde estás tú: **es tremendamente incómodo abordar algo tan profundo, tan visceral, tan íntimo como la relación con tu madre**.

Dime la verdad, voy a poder con ella

Un día, en una de esas sesiones, lo que viví fue tan revelador que ahora, aquí, te lo quiero compartir. **A través de las enseñanzas indirectas de esos comentarios con buena inten-**

ción, aprendí a restarle importancia a lo que me pasaba, a no querer molestar, a no querer ser una carga o hacerme pesada. Eso, claro, también se trasladó a la consulta de terapia. Sin embargo, mi psicóloga de ese momento supo leerme y pilló al vuelo la dinámica.

Recuerdo que le estaba contando algo que me generaba malestar. Tragué saliva para llevar hacia abajo el nudo que se había formado en mi garganta, le sonreí y añadí: «Pero bueno, en el fondo estoy bien. Hoy lloro porque tengo la regla y estoy más sensible».

Ella, que sabía el efecto que tenían los comentarios positivos de mi amiga, y, en primera instancia, de mi madre, me dijo: «Marta, suéltalo. Lo que sea, estoy aquí. Puedes decirme la verdad de cómo te sientes, no necesitas protegerme, puedo con ello, puedo sostenerte». Fíjate si fueron sanadoras aquellas palabras que hoy, casi cinco años después de escucharlas, me emociono al escribir estas líneas.

Esas palabras, sin saberlo, eran las que había necesitado cuando era pequeña: **era el permiso para sentir y compartir aquello que sentía**. Contenían la tranquilidad de saber que mi madre podría lidiar con mi dolor, mis emociones y mi sufrimiento; de saber que ella podría acompañarme como necesitaba. **Aquellas fueron las palabras que justamente, tiempo después, le dije yo a mi madre.**

Creo que no me equivoco al decir que es probable que estuviera presente, aunque tal vez no fuese de la forma que necesitabas. Seguro que en algún momento has recibido algún mensaje bienintencionado en la línea de: «No le des más vueltas»; o «No lo pienses», que, en conclusión, es un «No sientas». Y qué difícil es cumplir con esa expectativa cuando tu corazón late a toda velocidad, cuando te rompes en pedazos, cuando quieres gritar de rabia, cuando te emocionas. Qué difícil hacerte caso, mamá, y qué fácil a veces traicionarnos para complacerte.

Sentir en esa sesión que había alguien ahí para sostenerme fue sumamente liberador y doloroso a la vez, porque me di cuenta de la ausencia. **De lo poco acompañada y desprotegida que me había sentido con mi madre a la hora de enfrentarme a mis emociones.**

Ese hallazgo en terapia se fue asentando y, con el tiempo, pude ver mejor de qué manera me relacionaba yo con mi malestar, cómo lo transmitía a los demás a la hora de socializar y qué miedos aparecían al hacerlo.

Al cabo de unos meses reuní el valor para explicarle a mi amiga el descubrimiento que había hecho en terapia. Ella siguió siendo tan animadora como era, aunque moduló sus mensajes, y yo trabajé para mostrarme más tolerante. Sabía que, **aunque no recibiera la respuesta más validante, si a mí me importaba, era importante y no lo dejaría pasar**. No lo ocultaría ni haría ver que eso no estaba ahí; sería sincera con lo que los comentarios de mi amiga me generaban y estaría abierta a ver si había otras personas con las que compartir mis emociones.

Un día, hace un año y medio, hablando con mi madre en el garaje mientras cuidábamos de Dan, mi cachorro de catorce años como decía yo, sentí que había llegado el momento de armarme de valor con ella. Dan ya era mayor y le fallaban las patas, y aunque cada vez que hablábamos del día que no estuviera me emocionaba y lloraba sin poder contener las lágrimas, quería hacer frente a esas conversaciones. Le dije que, aunque me viese llorar, no hacía falta que cambiáramos de tema; quería estar informada si las cosas iban a peor y no me hacía ningún favor si no me decía toda la verdad. «Mamá, me puedes decir la verdad, ya soy mayor, puedo con ello».

En ese instante fui capaz de mostrarme como adulta ante ella, para que supiera que ya no tenía que hacerlo por mí: ahora me protegía yo.

Evidentemente, necesitaba que me cuidase cuando era una niña pequeña, y ahora, ya adulta, de vez en cuando necesito ser cuidada por otros, pero tengo las herramientas para hacerme cargo y sostenerme. Puedo decidir con quién comparto mi malestar para dejarme sostener, puedo fijarme en qué necesito para acompañarme mientras lidio con él.

Este relato tan personal y profundo es solo un ejemplo. Hay situaciones o heridas que son más difíciles o complejas de resolver y, en mi caso, **he podido compartir contigo mi experiencia de manera ordenada y desde la calma gracias al trabajo terapéutico que hay detrás**.

EJERCICIO

¿Te has parado a pensar alguna vez qué comportamientos te irritan de las personas de tu alrededor cuando compartes tu malestar? ¿Qué frases o comentarios comparten contigo en esos casos? ¿Te molestan sus palabras? De ser así, aquellas palabras que te molestan, ¿las escuchas por primera vez o te resultan familiares?

Utiliza estas líneas para volcar todo aquello que llevas dentro y que necesitas plasmar en palabras. Date tiempo para pensar e intentar ordenar, en la medida de lo posible, tus emociones. No pasa nada si no consigues que salgan de la manera que te gustaría. Yo estoy a tu lado.

Prueba a sentir el vacío antes de llenarlo

En ocasiones no tenemos recuerdos de la infancia, pero sí sentimos un vacío. Esto muchas veces se debe a que **nuestro cerebro se encargó de protegernos de los recuerdos dolorosos de las ausencias**. Aunque duela, pensar en cuán presente sientes a tu madre en la actualidad es una buena forma de percibir si esa ausencia sigue estando ahí. Hacerlo te ayudará a explorar esa sensación y a intentar responder si esta tiene que ver con un aspecto no resuelto de la infancia o con otro que, aunque se ha resuelto y quizá no abre la herida de la ausencia emocional, te señala el dolor que existió.

Ahora te quiero lanzar una pregunta que la psicoterapeuta estadounidense Jasmin Lee Cori plantea en su libro *La madre emocionalmente ausente*:

EJERCICIO

Cuando piensas en el útero de tu madre, ¿te parece un lugar acogedor? Si no puedes imaginarlo, pregúntate cómo te sentirías rodeada por la energía de tu madre. ¿Te gustaría la experiencia? Intenta describir cómo te sientes al imaginártelo. Tómate tu tiempo.

....

....

....

....

Es una de esas preguntas que, cuando las escuchas en voz alta, se te ponen los pelos de punta.

Sé que el término «energía» a veces puede generar rechazo por la asociación a un lenguaje más esotérico y no relacionado con la psicología, pero las emociones se mueven en el cuerpo y a veces se pueden sentir como ese torrente de energía cuando estamos contentas o la ausencia de ella cuando estamos más apáticas. Te invito a pensar en lo que te transmite la imagen, las sensaciones que experimentas cuando estás cerca de ella o cuando tienes contacto.

EJERCICIO

¿Qué te genera su presencia? ¿Qué te transmite su lenguaje corporal? ¿Qué tono tienen sus palabras?

Hay personas que, en el contexto de terapia, me describen a su madre y lo siguiente que me dicen es que **quieren dejar de ser como ella**, uno de los reclamos en terapia cuando esa herida nos atraviesa por el motivo que sea.

EJERCICIO

De nuevo, párate y piensa. Cuando alguien te compara con tu madre, sea físicamente o por personalidad, ¿qué sientes?

....

....

....

....

....

....

....

....

....

....

....

....

....

....

Ahora permíteme un inciso para contarte cómo me siento en este preciso instante; creo que es relevante. Escribir este libro pone en marcha a mi parte más procrastinadora. Además, hace aflorar mi parte exigente, que quiere hacerlo bien, transmitir todo lo que sé de una forma práctica y cercana, no equivocarme, cuidar lo que digo para poder cuidarte.

Supongo que también hay una parte de mí que evita contactar con lo desagradable de los relatos, pues conozco muchas historias, y cuando me pongo a escribir, se me ocurren mil tareas antes que seguir hablando de esto, entre ellas mirar el móvil (algo que, reconozco, tengo ganas de hacer en este instante). Justo cuando estoy escribiendo este capítulo, sobre vacíos y ausencias, leo que ha fallecido Matthew Perry, el actor que interpretaba a Chandler en la serie *Friends* (si eres una milenial como yo, estoy segura de que sabrás de quién te hablo). Sentir su pérdida me emociona, me pone blandita y me ayuda a conectar con esa dolorosa sensación de las ausencias.

Qué difícil es navegar hacia allí, hacia esa sensación que te encoge el pecho cada vez que piensas en ello, ya no por la relación con mi madre, sino por traer a mi mente experiencias relacionadas con la herida materna. A las personas que acompañamos el sufrimiento de otras nos afecta el trauma de manera vicaria, por el desgaste emocional que nos supone cuidar de quienes nos comparten su dolor.

Por ello, para continuar hablando de vacío, he ido a por una libreta en la que anotar todas las experiencias que conozco que me sugieren esa falta, ausencia o carencia, acompañada de una lista de Spotify para escribir que empieza por una canción que actualmente es tendencia en redes, «Si no estás», de Íñigo Quintero. Y me lo tomo como una invitación del universo a seguir explorando esas ausencias.

Ser «huérfana» de una madre viva

A continuación quiero hablarte de **las experiencias de vacío** que más han llenado las cuatro paredes de mi casa cuando acompaño en terapia y hago sesiones online. Las experiencias que más se repiten tienen que ver con ese vacío que se presenta de múltiples formas. La conclusión a la que llegamos es la misma: sentimos que hemos estado o estamos solas.

En el caso de Elisabeth, de veintitrés años, nos encontramos una experiencia terriblemente dura: la de sentirse huérfana de madre cuando la madre aún vive. Recuerdo que fue ella misma quien le puso nombre a lo que estaba atravesando con su madre.

Elisabeth llegó a terapia para desarrollar herramientas que la ayudasen a enfrentarse a las dificultades que encontraba a la hora de establecer relaciones con personas emocionalmente disponibles. Siempre se sentía atraída por personas que ya estaban en una relación o que no buscaban establecer una. Le frustraba muchísimo porque lo único que quería era encontrar a alguien que la protegiera, sentirse querida y formar la familia que nunca tuvo y que siempre deseó.

Un día, en sesión, queriendo hacer explícito ese deseo y ver qué dinámica podía estar dándose en sus relaciones fallidas, usamos unos Playmobil para que escogiera a una figura que pudiera representarla. (Si me sigues desde hace tiempo en redes sociales o si haces terapia conmigo, sabrás que es una herramienta que me gusta utilizar a menudo).

Elisabeth eligió uno que llevaba un vestido con estampados de colores vivos, naranja y lila, el pelo recogido y unas joyas de oro. Parecía una figura regia. Le dije: «Qué curioso… La necesidad que has compartido y de la que me hablas me transmite mucha ternura; en cambio, la figura que has escogido me transmite algo más parecido a: «Aquí mando yo, no necesito a nadie».

En ese momento, Elisabeth me miró sorprendida y soltó un: «¡Guau! ¡Qué fuerte!». Añadió: «Lo que me dices tiene mucho sentido, porque siempre quiero que los demás vean que soy una buena elección como pareja, que me voy a saber comportar, que voy a saber estar ahí, que voy a estar a la altura».

¿Quién que no se había sabido comportar, no había estado ahí y no había estado a la altura?

Fue inevitable que buscásemos qué referencia había podido existir y qué modelos de pareja conocía para ver si existía alguna similitud o entender a qué respondía este tipo de vinculación. Al hacer este viaje a su pasado, me explicó que sus padres se habían separado cuando ella tenía doce años y que, desde ese momento, no había tenido contacto con su madre y había quedado bajo la responsabilidad de su padre.

Cada vez que Elisabeth echaba de menos a su madre en un momento importante de su vida o un momento cotidiano, se decía a ella misma: «Basta, no la necesitas». Cuando se acercaba su cumpleaños o las fiestas de Navidad, fantaseaba con la idea de que su madre esta vez le enviara un mensaje para felicitarla o para desearle felices fiestas. Pero, por otra parte, después de tantos años, era, como ella me dijo, sentirse huérfana aun con ella viva.

Después de sacar ese Playmobil escogimos uno para representar el sentir de su niña interior. Y quizá te preguntes **¿para qué indagar en su niña interior si esto tiene que ver con su madre aquí y ahora?** Hasta ese momento, Elisabeth dirigía toda su rabia y la sensación de injusticia hacia su madre. Me decía: «Marta, pero ¿por qué la echo de menos? Si es una egoísta, si nunca le he importado ni me ha querido». Al validar su enfado quería que pudiera permitirse la pérdida que también sentía.

Para Elisabeth fue muy duro reconocer que, aunque hubieran pasado años, seguía esperando algo de su madre; seguía esperando su cariño, su presencia, y sentir la ausencia le molestaba infinito, porque eso mostraba que le importaba y, según ella, su madre no merecía su cariño después de como se había comportado. Para Elisabeth era sumamente confuso sentir que no quería a su madre en su vida, pero la echaba de menos.

Gracias a la terapia, descubrimos que Elisabeth necesitaba dar voz a la niña que fue, verbalizar y compartir todo el malestar que una vez sintió. De este modo, cuando el dolor del vacío y de la ausencia le abriese la herida (al no recibir una llamada o una felicitación en una fiesta señalada), no habría una voz que la avergonzara por ello, y le pidiera que se mostrase fuerte (la versión de su yo niña que había adoptado una máscara y una coraza para protegerse), sino una que la entendía y le decía algo como: «Ya, cariño, sé lo duro que fue necesitar a mamá y que no estuviera; sé cómo te sientes cuando no te llama para felicitarte; te entiendo, estoy contigo, ¿qué quieres hacer con lo que sientes? ¿Cómo crees que podemos sostenerlo?».

Esa voz que la avergonzaba era una parte de ella, que le decía cómo tenía que mantener a raya sus sentimientos para que nadie se aprovechase de su vulnerabilidad. Ese mensaje se había repetido hasta la edad adulta y ahora, en el momento de establecer relaciones íntimas, era una voz que obstaculizaba y le impedía desarrollar vínculos sanos.

Elisabeth creía que **decirle a la otra persona: «Lo que me has hecho, me ha dolido», o «Tus acciones me pueden dañar» era mostrarse débil, vulnerable.** Aunque para nuestras partes protectoras, aquellas que aparecieron en el momento de la herida original cuando no teníamos otras herramientas, a veces fastidie reconocerlo, es así: **nadie es inmune al daño emocional.** Lo que los demás hacen nos puede doler, y al contrario de lo que tal vez piensas, lo cierto es nos protegemos más si somos honestas. Ocultar nuestras emociones nos hace más vulnerables que reconocerlo, al menos ante nosotras mismas.

Hasta ahora hemos hablado de la importancia del apego y del vínculo, y lo necesario que es que nuestra madre tenga la capacidad de sintonizar con nuestras emociones y necesidades, pero hay otro aspecto que también es importante cuando hay una ruptura y se pierde la conexión: la reparación.

Esto es lo que le faltaba a Virginia, de treinta y cuatro años. Virginia empezó terapia porque le generaba mucho malestar una situación que le estaba empezando a afectar en su día a día y no sabía cómo manejarla. En una de nuestras primeras sesiones, me contó que su padre tenía problemas con el juego y que hacía unos años esto había desembocado en graves problemas de dinero en su familia. Parecía que esa situación ya estaba resuelta, pero había algo, no sabía qué, que la hacía sentir que algo había cambiado y no podía estar tranquila del todo.

A raíz de haber dejado de jugar, su padre estaba a menudo muy alterado, siempre estaba de mal humor y cargaba su frustración con cualquiera, principalmente hablando mal a su madre. Se quejaba por cualquier tontería, como que hubiera ido a comprar por la mañana y no hubiese comprado tomates, y la hacía volver a salir para terminar los recados.

Al ir conociéndonos más, nos dimos cuenta de que, aunque ese fue el detonante, lo que a Virginia le dolía era que parecía que la relación que tenían su madre y su padre era así desde que ella tenía uso de razón.

Esto es algo que en terapia ha aparecido con más frecuencia de la que me gustaría reconocer: una pareja formada por un hombre con un carácter ausente y autoritario cuando está presente y una mujer con carácter cuidador hacia los hijos y sumisa ante el cónyuge.

Un día le pedí a Virginia que intentara describirme una imagen que representase cómo se sentía con relación al vínculo con sus padres. «Imagina una escena, como si yo sacase una cámara y capturase la dinámica. Ahora piensa: ¿cuál sería la foto?».

EJERCICIO

Antes de continuar, quiero hacerte la misma pregunta que le hice a Virginia. Si pusiéramos en un mismo escenario a los integrantes de tu familia, prestando especial atención a tu madre y a ti, ¿cómo sería esa foto? Intenta describirla a continuación. Tómate el tiempo que necesites; yo seguiré aquí, esperando para acompañarte en tu viaje.

....

....

....

Cuando Virginia se enfrentó a la tarea de visualizar su instantánea familiar, me dijo que veía a su madre entre su padre y ella, como si fueran dos equipos contrarios que tiraran de la cuerda: a momentos tiraba más hacia ella y, en ocasiones, hacia su padre. Con todo, Virginia siempre sentía que se quedaba sosteniendo la cuerda y su madre volvía al bando de su padre.

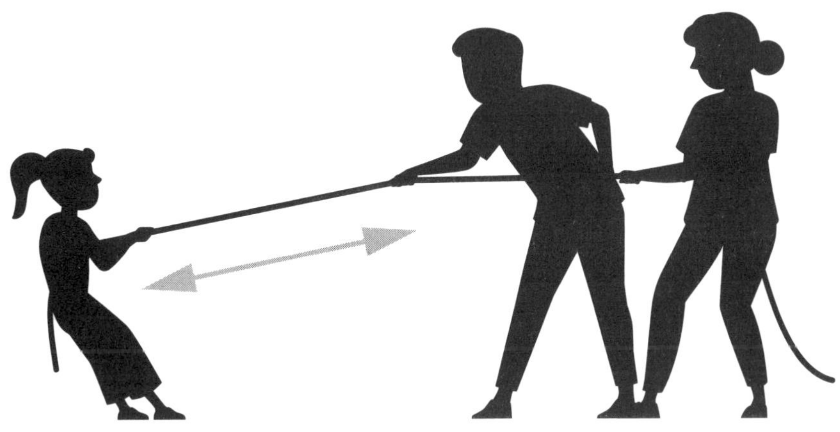

Cuando transformamos en palabras esa sensación a través de la imagen ficticia, Virginia se enfadó muchísimo. Me dijo: «Marta, es que veo esto y estoy deseando decirle a mi madre: "¡Date cuenta, despierta, haz tu vida, déjalo, vete de aquí, espabila!"».

Para Virginia era muy doloroso desear otra vida para su madre de la que en realidad vivía. Ver que nuestras madres no tienen la información que nosotras poseemos y constatar que no son felices nos duele y nos ata muchísimo. Sentimos que no podemos avanzar dejando atrás esa situación tan desagradable, sentimos que la abandonamos si miramos hacia delante.

Aunque sabía que ella nunca toleraría estar en una relación de pareja como la de sus padres, ver que su madre seguía ahí y, según lo que le comentaba, no tenía intención de cambiar de idea, le generaba mucho sufrimiento.

Me decía: «Es que me encantaría hacerle la maleta y soltarle: "Venga, mamá, que papá se apañe, tú y yo nos vamos"». Pero cuando había sacado el tema con su madre, esta le decía que ella ya llevaba muchos años con él y ya sabía cómo era, que mejor malo conocido que bueno por conocer, y que además su padre, con lo mal que lo había pasado, nunca podría soportar que lo dejara solo.

Tuvimos muchas sesiones (que se traducen en muchos meses) lidiando con la frustración de darnos cuenta de que nuestra madre es adulta y, aunque nos duela, toma sus propias decisiones.

Virginia sentía que no podía avanzar, no podía centrarse en su relación de pareja y en su propia vida. Tenía que estar presente y pendiente; estaba alerta, esperando el momento en que su madre le pidiera ayuda, le diera la mano para irse y le dijera la verdad. **Pero podía no ocurrir. Y debía aceptarlo.**

La manera en que pudimos desbloquear esto fue a través de una conversación ficticia de Virginia con su madre, centrándonos en que viera a su madre y se esforzara no tanto en hablar de la relación que su madre tenía con su padre, sino en ofrecerle su mano y acompañarla en su sentir sin decirle lo que tenía que hacer.

En ocasiones esa conversación no se produce en la realidad y nos podemos sentir liberadas al tomar conciencia de que no estamos abandonando a nuestra madre, sino que estamos construyendo nuestra propia vida y eso no la excluye, pero sí nos excluye a nosotras de sus decisiones.

Y si empatizas con Virginia, probablemente estés pensando: «Pero, Marta, ¿quién creería que estar en una situación como la de la madre de Virginia es ser feliz?». Virginia me confesó con el corazón en la mano: «Es que ella cree que la felicidad es eso, permanecer como siempre, porque no conoce otra cosa...». Insisto: por mucho que nos duela, esto ocurre. Debemos hacer las paces con la realidad. Que esté de una u otra manera nada tiene que ver con nosotras.

> Su ausencia o el vacío no es tu culpa. Repítetelo tantas veces como lo necesites. Yo estoy aquí para sostenerte en la emoción que esta verdad te provoque.

Virginia me conoce y sabe que siempre estoy en su equipo. Ahora es consciente de que su niña interior está enfadada y no quiere dejar de intentarlo: le deja migas de pan a su madre para que siga sus pasos. Su adulta está enfadada con su padre, con su madre, con ella misma, e incluso conmigo por no poder ofrecerle otra solución, y sabe que, debajo de ese enfado, de nuevo hay un dolor, una pérdida, **un duelo por una expectativa de familia, de relación, de situación ideal que no existe en la realidad, solo en nuestro pensamiento**.

Tras años dedicándome a acompañar procesos terapéuticos puedo afirmar que esto que le pasa a Virginia no le ocurre únicamente a ella. Muchas de las personas que acompaño se han hecho esa pregunta: ¿Qué hubiera pasado si mi madre no hubiera tenido esta pareja?

A menudo fantaseamos con que si las cosas hubieran sido

diferentes, la conexión con nuestra madre no hubiera sido tan frágil y no se hubiera perdido. **Fantaseamos con que la ausencia, el vacío, no se hubiera producido.** Cuando indagamos en nuestra historia familiar, a veces nos encontramos con que nuestra madre ha «justificado» ciertos comportamientos e invalidado nuestro sentir con frases como: «Ya sabes cómo es...», «No te lo tomes así» o «No se lo tengas en cuenta, que ha venido muy cansado del trabajo».

Cuán beneficioso habría sido que hubiese hablado con honestidad, que nos hubiese dicho: «Cariño, papá no tendría que haberte hablado así», un «No es tu culpa», o un «No has hecho nada malo», y que luego nuestro padre se hiciera cargo de sus acciones y de su efecto en nuestras emociones y asumiera la reparación. Porque es distinto señalar los comportamientos que generar una imagen: es importante que podamos **verbalizar aquellas conductas que duelen y con las que sentimos que no se nos ha dado un buen trato** para que lo sepamos detectar mejor en el futuro.

Con lo que sabemos hoy en día, es probable que no juzguemos a una mujer por sus acciones en un contexto como el que rodeaba a la madre de Virginia. Quizá lo que estaba viviendo en casa condicionaba sus comportamientos: tal vez sentía miedo y eso limitaba sus respuestas y alternativas hacia nosotras, pero, como siempre, dentro de Virginia **están presentes ambas caras de la moneda**: la niña que lo vivió y a la que le gustaría que su madre hubiera respondido diferente, y la adulta que lo entiende y lo está intentando reparar.

De hecho, al tratar de entender todo esto, Virginia se dio cuenta de que estaba haciendo por su madre lo que le hubiera gustado que su madre hiciera por ella, que hiciera las maletas y le dijera: «Venga, que hoy nos vamos». A la Virginia pequeña le habría encantado que el final de la historia (y el comienzo de una nueva) fuera ese. El dolor de la niña que había sido no se había reparado nunca, y eso impedía que mirara adelante, que avanzara y tomara decisiones importantes en su relación.

> Es natural sentir ese conflicto; podemos entender las dos partes, no hace falta que elijas quedarte con una y darle voz solo a esa. Puedes entender que tu madre respondiera o responda así, y puedes entender también tu dolor y tu frustración de haber querido otra historia para ti y para tu madre.

Espero que tú también sepas que estoy en tu equipo. Estoy de tu lado, aunque pueda entender a tu padre, a tu madre, a quien sea, estoy contigo y entiendo cómo te sientes. Si todavía no puedes recibir estas palabras porque crees que hay algo en tu caso que es diferente o que digo esto porque no tengo toda la información, es cierto. Trata esta información como necesites y hazla tuya en la medida que te aporte alivio. Y si no es para ti, déjala ir.

5

MAMÁ, NO QUIERO SER COMO TÚ: EL RECHAZO AL LEGADO, HERENCIAS, REPETICIONES Y EXCEPCIONES

Querida mamá:
no me había dado cuenta de la importancia de la herencia que me has transmitido hasta que me pregunté si parecerme a ti era un honor o un dolor.

Aceptarse no es resignarse

Darnos cuenta del impacto de las experiencias desagradables que hemos vivido con nuestra madre no es placentero. Asumir que hay situaciones que podrían haber sido diferentes para nosotras y su desenlace también implica reconocer nuestra vulnerabilidad y nuestro dolor; aceptarnos con cargas que nos pesan más allá de nuestra relación (o no relación) madre-hija.

ACEPTACIÓN	RESIGNACIÓN
Está lloviendo, me gustaría que parase pronto, no me gusta y no quiero enfermar, así que voy a ponerme las botas de agua y el abrigo.	Está lloviendo, lo detesto, no puedo hacer nada si llueve.
La aceptación es desagradable y trata de buscar bienestar de forma activa.	La resignación es desagradable y trata de que la situación se resuelva de forma pasiva.
Esperanza de que pueda mejorar.	No hay esperanza en la situación.

Aceptar esta realidad no supone conformarnos con todas ellas, algunas o ninguna. Todo lo contrario. Aceptar quiere decir darnos cuenta de que están ahí, entrelazadas con nuestro relato vital, y tomar las riendas de las emociones que nos despierta. Así, podemos ver de qué manera nos relacionamos con eso.

Por otro lado, cuando en nuestra historia determinadas situaciones se han repetido una y otra vez, es fácil perder la actitud positiva y que nos relacionemos desde una parte escéptica. **¿Cómo la vas a reconocer?**

Esa parte se refleja en frases como:

- «No creo que pueda hacer nada para cambiar esto».
- «Lo he intentado tanto que ya no creo que pueda funcionar».
- «No confío en que esto pueda ser distinto».
- «Creo que tengo que dejar de luchar y conformarme».
- «Lo cierto es que estoy cansada para esforzarme si no sé cuál será el resultado».

Aceptar es actuar para cuidarnos

Sin embargo, **en lo que respecta a nuestra relación madre-hija** debemos ser conscientes de que, cuando esta no se caracteriza por ser íntima o cercana, **todavía es más difícil aceptar algunas herencias**, pues nos recuerdan con frecuencia de dónde venimos. Y si nuestro origen y nuestra perspectiva de futuro no nos gustan, el sentimiento de malestar es **un dedo que se hunde en la llaga**.

Eso era justamente lo que le pasaba a Nora, una joven de veintisiete años. Nora no tenía un vínculo estrecho con su madre. Se había independizado con dieciocho años, y no vivían ni siquiera en la misma localidad. Aun así, aprovechaba cuando tenía que ir trimestralmente a unas gestiones a su ciudad de origen para visitar a su madre, aunque, si por ella fuera, podría pasar largas temporadas sin verla; eso la hacía sentirse culpable. Lo cierto es que, si se escuchaba y hacía caso a lo que de verdad quería, no saldría de ella ir a verla, aunque tampoco de su madre.

En realidad, para Nora, la relación con su madre era el menor de sus problemas. Sentía que había una distancia física y emocional lo bastante notable como para no notar que había malestar activo en el vínculo. Sin embargo, a veces sentía un vacío y no identificaba que tenía que ver con su madre.

Nora llegó a mi consulta por una razón muy concreta: **no conseguía establecer relaciones de pareja duraderas; enseguida se cansaba y se aburría de quien fuese que estaba conociendo en ese momento**. Sentía que era «adicta» a la sensación del inicio de la relación, a las mariposas en el estómago fruto de la ilusión. En el momento en que esa sensación pasaba a un segundo plano, dejaba de tener interés en seguir conociendo a esa persona, y eso la hacía sufrir, ya que no entendía el motivo y sentía que nunca encontraría a nadie con quien cultivar una relación estable.

En el contexto de la terapia psicológica, cuando revisamos la historia o el relato de la persona que inicia el proceso, no siempre tratamos de buscar la razón exacta que origina el malestar, sino **una explicación que le dé el suficiente sentido a lo que ha vivido** y a cómo es como para permitirse narrar la verdad de los hechos que vivió con una voz propia.

Por eso, personalmente **no suelo hablar ni de la raíz exacta ni de desenlaces de una historia, sino de narrar y tejer nuestro relato**. Mi objetivo es acompañar a las personas que acuden a revisar su historia vital y compartirlo, haciendo oír y escuchando su propia voz en el proceso. Si nos centramos en encontrar la raíz o la solución, muchas veces nos desatendemos: dejamos de escuchar nuestras emociones y necesidades, obviamos lo que grita nuestro cuerpo.

> En el camino de la sanación una de las cosas más necesarias es la reconexión con nosotras, con nuestro sentir.

Aun así, a veces resulta útil compartir una hipótesis de lo que puede estar pasando, de cuál puede ser el origen del malestar, como hice con Nora. Es una herramienta que me permite entender mejor a la persona que tengo ante mí.

En su caso, empezamos a indagar en su historial de relaciones, hasta que llegamos a los primeros vínculos: sus relaciones de familia. Recuerdo que cuando le pregunté cómo era la relación con su madre cuando era una niña, lo primero que me dijo, casi textualmente, fue: «Bueno, es verdad que, si lo pienso bien, mi madre nunca me ha dado un abrazo ni se ha mostrado cariñosa conmigo. **Pero no pasa nada, no me duele mucho. Me he acostumbrado a la sensación, supongo. No creo que lo que me ocurre tenga algo que ver con ella».** ¿Te resuenan sus palabras?

Antes de pasar al siguiente apartado, permíteme un inciso. Tengo que decir que soy consciente de que no siempre hay una gran única razón evidente que explique nuestro malestar en el presente, pero explorar nuestras relaciones (especialmente las que tenemos o hemos tenido con nuestros adultos de referencia) es una herramienta que nos puede arrojar cierta luz. A veces, de hecho, muchísima.

Si nunca lo tuve, no lo puedo echar de menos... ¿O sí?

Siguiendo con la historia de Nora, ella ya me conocía y conocía mi trabajo, y sabía que creo firmemente en que una gran parte de nuestro malestar actual tiene su origen **en aquellas experiencias que todavía no hemos podido aceptar, elaborar e integrar**. Pero Nora también se conocía a sí misma mejor que yo, así que, cuando me dijo que creía que esto no tenía que ver con su madre, me centré en otros vínculos, pese a que, como profesional, vi que ahí había un dolor del que nunca había tenido la oportunidad de liberarse. En ese momento, tras valorar su estado, consideré que era pronto para explorar el vínculo con su madre, tan primario y esencial para nuestra manera de entender las relaciones, y que **quizá no estaba preparada para indagar en el pasado de su historia**.

Tal vez pienses: «Pero, Marta, entonces le mentiste. No le dijiste lo que veías desde fuera, no compartiste con Nora el dolor que percibiste en ella». Y créeme, entiendo por qué podrías pensar esto. Sin embargo, para poder aceptar nuestras heridas y herencias, primero debemos entender cuáles son nuestros ritmos y respetarlos. En el caso de Nora, le di el tiempo suficiente y la acompañé mientras entretejía su relato hasta el momento de explorar su dolor.

Trabajando juntas en terapia, ahondando en las relaciones que más la habían marcado, descubrimos que Nora, la pequeña de cuatro hermanos, había aprendido a vivir sin el cariño de su madre, pero reconocía que le había faltado su calor y apoyo.

Durante la adolescencia, Nora había sido la envidia de sus amigas: su madre no la llamaba constantemente, ni le preguntaba adónde o con quién iba cuando salía. Y aunque esto, sin duda, le permitió a Nora más libertad mientras crecía, al compararse con sus amigas sentía que le daba igual a su madre, que no estaba pendiente de si le pasaba algo o no. Para protegerse de esa distancia se decía cosas como: «Es que mi madre sabe que yo sola me defiendo, por eso no se preocupa. Sabe que, si me intentan hacer daño, yo puedo hacer el doble».

Sus hermanos, en cambio, habían sido grandes compañeros de vida durante su infancia, pero no eran los responsables de su cuidado. Nora no conoció las cualidades de un vínculo profundo con su madre.

Cuando la conocí, Nora era capaz de entablar nuevas relaciones, no tenía dificultades a la hora de conocer gente nueva: era extrovertida y curiosa. Pero estas nuevas relaciones siempre se quedaban en un plano superficial. Era gente con la que pasaba un buen rato en un momento determinado, pero luego, cuando llegaba a casa, se sentía sola, y se había acostumbrado a la sensación.

El hecho de no haber experimentado un vínculo profundo con anterioridad convertía la intimidad en una ardua tarea para ella. El miedo a lo desconocido, a lo que la llevaba fuera de su zona de confort, donde era la única responsable de su cuidado, al final le hacía perder el interés. Cuando la otra persona mostraba un compromiso, una preocupación y un interés por conectar de manera más íntima con ella, aquello activaba una alarma, un miedo al abandono (que era lo que sentía por parte de su madre) que no estaba dispuesta a sentir.

Para evitar ese dolor futurible y potencial (en su cabeza), había desarrollado el mecanismo de la huida.

Y de la misma manera que apagaba su interés por la persona con la que mantenía una relación, también desconectaba de sus verdaderas necesidades y su dolor al pensar en una madre a la que casi nunca llamaba ni abrazaba después de estar meses sin verla.

En ningún caso, el objetivo de este camino es buscar culpables. Con Nora no volcamos en su madre toda la responsabilidad del malestar, pero tampoco podíamos asignársela totalmente a ella. Las primeras relaciones en la infancia fueron las que marcaron el camino para las siguientes.

Nora, como muchas otras personas que he tenido la suerte de encontrar a lo largo de mi trayectoria vital y profesional, vivía la repercusión de las cargas y herencias sin ser consciente de ellas. **Es imposible intentar liberarse de ese peso si no somos capaces de identificarlas, ni somos conscientes de su presencia en nuestra historia.**

Detrás de la indiferencia y la falta de interés de Nora en una conexión profunda que le aportase más de lo que estaba acostumbrada a recibir, se ocultaba una niña a la que le hubiera gustado recibir afecto y cariño. Que la esperaran con los brazos abiertos al final del tobogán del parque, que le llevasen la merienda a la salida del colegio, que estuvieran con ella, a su lado, cuando hacía los deberes, que no pusieran caras ni se quejaran de que no tenían tiempo para esas cosas cuando pedía jugar, que celebrasen sus logros y sus alegrías, que le preguntasen por su grupo de amigos en la adolescencia. Solo escribir estas líneas hace que me duela pensar en lo que a Nora le faltó.

La indiferencia que mostraba al hablar de la ausencia de su madre en su vida no era más que un reflejo de un **entumecimiento emocional**: el dolor que tenía que desaparecer para que pudiera sentirse plena y satisfecha con los escasos ratos que pasaba con su madre, carentes de la conexión real que necesitaba.

Desde su infancia, Nora había necesitado protegerse y había creado una suerte de armadura con la que evadir los porqués del rechazo recibido, la culpa de necesitarlos y la vergüenza de pedirlos.

A estas alturas ya sabes que sigo un modelo integrador en mi trabajo y también en este libro. Es decir, para mí, como psicóloga, cada persona es un todo que incluye su contexto y lo que se relaciona con ella: pensamientos, emociones, conductas, sensaciones, cuerpo... Por ello, en estas páginas estoy volcando lo que sé, desde diferentes enfoques, sobre vínculos, trauma, apego y, por supuesto, la relación con la madre.

Puedes imaginarme como un pavo real mostrándote todas mis plumas como si se tratase de un abanico que recoge aspectos de todas las teorías y experiencias que han llegado hasta mí. Aunque mi mayor miedo es que, entre todas estas páginas e historias, no encuentres una que se identifique contigo al cien por cien y que te hable de tú a tú, soy consciente de que esto puede ocurrir. Sin embargo, si ese es tu caso, quiero decirte, como le dije a Nora, que leer o hablar sobre otras experiencias parecidas a la nuestra, aunque sea mínimamente, nos ayuda a saber que no estamos solas en esto.

Y recuerda: el resto de las experiencias no invalidan en absoluto la tuya. Te invito a escucharte, pero de verdad, y a otorgar un lugar importante a tu experiencia dentro de ti, de tu historia.

En su lugar, yo lo habría hecho mucho mejor

En la teoría de los **sistemas de familia interna**, creada por Richard Schwartz (que presenta nuestra mente o persona como un sistema compuesto por diferentes partes o subpersonalidades que, todas juntas, conforman nuestro yo, o *self*), las sensaciones, pensamientos, hábitos o conductas que han llegado hasta nosotras a través de una persona de nuestra familia que pertenece a una generación anterior a la nuestra reciben el nombre de **cargas por legado** o **herencias**. Estas cargas pueden ser heridas emocionales, patrones de comportamiento adquiridos o creencias limitantes.

El pensamiento sistémico nos permite entender a la persona conociendo todos los sistemas de los que participa y el contexto en el que se inscriben, siendo la familia uno de los más importantes para su experiencia vital. Por supuesto, para profundizar en estas cargas no hace falta que conozcas los detalles pormenorizados sobre tu árbol genealógico, **pero sí resulta útil tener nociones de la familia de la que provienes, su entorno y sus dinámicas, para intentar dar una explicación y contextualizar tus emociones y tus necesidades hoy**, como veíamos en el capítulo 2.

Esto te lo digo por experiencia propia. Al intentar revisar mi historia familiar y todo lo que he ido descubriendo por el camino, muchas veces yo misma soy incapaz de ver el fin. Y eso te puede abrumar y hacer que te quedes atrapada en un hallazgo que no puedes resolver como esperabas o desearías. Cuando descubres una carga por legado, el primer impulso suele ser sentir rabia e impotencia: reconocer el impacto de todo lo que han vivido antes de ti personas que no conocías y que te ha acabado afectando, es una experiencia muy intensa.

Por eso, con tal de dejar atrás esa carga, que me limita e influye negativamente en mi forma de relacionarme conmigo misma y con el mundo, quise hacerlo todo perfecto y diferente: mi objetivo y mi idea de sanar pasaban por no parecerme a nadie cuyas decisiones, acciones y actitudes, en mi opinión, hubieran sido incorrectas.

Y déjame que te diga algo: la línea entre sanar para sentirse mejor con una misma y sanar para sentirse superior al resto a veces es muy fina. Te aviso de que eso puede pasar, y es lo más normal del mundo. Te lo digo no con el fin de evitar que lo vivas, pues creo que es algo necesario, sino para que tengas claro que, si eso ocurre, no debes sentirte culpable ni mal contigo misma por ello. **Transítalo desde la conciencia de que lo que realmente buscas es dejar todo aquello que te limita y romper el ciclo.**

Reconocer las herencias puede hacernos sentir muy pequeñitas. No hemos podido hacer nada para impedir recibirlas, y una respuesta a la defensiva, protectora e inconsciente es pensar en los errores de nuestra madre y decirnos: «A mí seguro que esto no me pasa». Y empezamos a centrarnos en todo aquello que nuestra madre no ha hecho y que nosotras somos capaces de hacer. Sin embargo, esto es tramposo y debemos ser conscientes de ello. Recuerdo que, en sesiones, una mujer que era madre y empezaba a darse cuenta de ese desprecio interno dirigido a la suya me dijo: «Marta, ahora veo que era mejor madre antes de serlo».

Últimamente, por lo que veo en redes, y también con lo que me llega a la consulta, siento que hablamos de las relaciones en general desde la creencia de que, **si no podemos darlo todo y aportar al vínculo el máximo, lo mejor es**

dejarlo ir. Y qué doloroso es que te aparten cuando no puedes dar el cien por cien; qué doloroso que te aparten cuando tienes miedo y no tienes las herramientas para afrontarlo; qué doloroso cuando no encuentras la motivación en el plan que a todos les divierte; y también qué doloroso puede ser no tener la oportunidad de ver a tu madre como una mujer con sus herencias.

Por ello, para mí es muy importante que podamos hacer juntas todo el recorrido de tu historia relacional y veamos si es posible que, una vez liberadas las cargas, asumamos la pérdida y aceptemos o no la relación que podemos establecer con nuestra madre.

Estoy aquí para verte y darte voz a ti como hija. Como te decía al principio, estoy en tu equipo. Aun así, al hablar de herencias, es inevitable que hablemos también de **las herencias de tu madre**. Conocer tu herencia significa ser consciente de los mensajes que llevas integrados en tu yo para ver si resuenan en ti y qué sensaciones te provocan por si prefieres añadir algún matiz o cambiarlos por completo.

De fuera hacia dentro: las heridas culturales que cargamos

Hay algunas heridas culturales que se han transmitido entre mujeres durante siglos, en especial en relación con la imagen corporal por la presión estética en una sociedad capitalista y patriarcal, que hoy en día siguen siendo fuente de muchísimo malestar y causa de distanciamientos entre madres e hijas.

Si te pidiera que imaginaras cómo es una mujer «guapa», ¿cómo la describirías? Muy probablemente, como leí en el libro de Sonya Renee Taylor *Tu cuerpo no es una disculpa*, usarías términos como «blanca», «alta», «delgada», «rubia», «piel sin acné», «sin diversidad funcional». Pues de la misma manera que tenemos un estereotipo enraizado en nuestra mente de lo que es una mujer «perfecta», también existe en nuestro imaginario un estereotipo de la figura materna, que, sin duda, lleva mucha más carga que la figura paterna.

¿Te has fijado en lo poco que elogiamos como «madraza» a una mujer pese a estar al pie del cañón la mayor parte del tiempo y, en cambio, hablamos de «padrazo» cuando un hombre cambia los pañales o da de comer a su criatura de forma puntual, como si eso no entrara dentro de sus responsabilidades como figura de referencia?

Aunque una parte de la sociedad cada vez mayor está concienciada con que el objetivo último en lo relativo a la crianza debe pasar por compartir cargas y responsabilidades, la realidad dista de esta imagen y las mujeres, en infinitas ocasiones, han sido quienes han tirado del carro y han buscado amoldarse al estereotipo tan interiorizado.

Si ese es nuestro caso, probablemente nuestra madre nos habrá educado sin darse cuenta de que estaba transmitiendo, con sus acciones y actitudes, las heridas culturales con las que ella carga: desde niñas, ha reforzado en nosotras cualidades que se asocian al estereotipo de «la buena mujer».

¿Qué forma toman estos aspectos culturales que se han transmitido de madres a hijas? Aquí van algunos ejemplos:

- Ser educada y saludar con dos besos en vez de dar la mano.
- Ir bien peinada, vestida y maquillada, por si te encuentras a alguien.
- Llevar ropa interior limpia, por si tienes un accidente y piensan mal de ti.
- No vestir de manera provocativa, no hacer que la gente se fije en ti.
- Ocuparte de todas las tareas domésticas sin mostrar desagrado.
- Sonreír cuando te incomodan, no responder.
- Ir sin depilar y tener vello en el cuerpo no es higiénico.
- Ser amable y respetuosa, no gritar ni decir palabrotas.
- Cuidar a todos sin tener un momento para ti, o ponerte en último lugar.

Todas estas afirmaciones nacen de la cultura de la sociedad en la que vivimos y en nuestra mano está reconocerlas para ajustar nuestro discurso interno y recuperar nuestro poder. Quizá te parece una tontería, pero recuerdo que, en una sesión de terapia, una mujer me contaba extrañada y con cierta culpa que pensaba que era rara porque no le gustaba fregar los platos. No realizar alguna de las tareas que se esperan de ti por ser mujer hace que creas que hay algo que no estás haciendo bien, **que eres una «mala mujer»**.

Por ello, tu legado dependerá de cómo tu madre te haya cargado o liberado de algunas de estas exigencias sociales. Recuerdo que, cuando le dije a mi madre que me quería depilar las piernas a los once años, me dijo que no empezase tan pronto, en su lugar, optó por sugerirme la decoloración, porque apenas tenía vello. Creo que, con esa propuesta, de alguna manera quería retrasar todas aquellas presiones sociales, pero, en cambio, recuerdo vivamente cómo reforzaba que yo era muy buena y que siempre había sido un poco «psicóloga» porque me preocupaba mucho por los demás sin importar cómo estaba yo. ¿En qué momento eso fue un halago?

> Si te llegan mis palabras, debes saber que tienes el mismo derecho de cuidarte a ti misma como lo haces con los demás. Poner límites para cuidarte y protegerte nunca será una agresión ni un abandono.

Y ¿cómo se ve esta transmisión de la herida cultural en nuestra familia? Seguramente tu abuela le decía a tu madre: «Ponte recta, esconde la barriga, sonríe, sé educada, no hables mucho ni poco, ni muy alto ni muy bajo»; y probablemente tu madre te decía: «Ponte recta, esconde la barriga, sonríe, sé educada, no hables mucho ni poco, ni muy alto ni muy bajo», y tú, ahora, te hablas en los mismos términos.

Ellas aprendieron a hablarse a sí mismas desde ese lugar y tú has tenido que lidiar con las consecuencias del trauma que cargaban. Pero si estás leyendo este libro, sí tienes el poder, con las herramientas necesarias y el acompañamiento adecuado, de ser la última que lo reproduzca en la relación contigo misma, con el resto de las mujeres que te rodean y, si eres o quieres ser madre, con las que tal vez vengan detrás de ti.

Ahora tal vez no lo veas, pero es probable que las mujeres de tu vida hayan intentado aliviar la carga de este legado si en algún momento tomaron conciencia del impacto y del daño que causaba.

> Hasta que no aceptemos nuestro origen, de alguna forma nuestro destino está condenado a repetirse. Por eso quiero remarcar que sí repetimos patrones, pero existe una salida: **podemos dejar de repetirlos cuando sabemos cuáles son**.

Imagina, por ejemplo, que has visto que la relación entre tus padres está basada en la desconfianza. En ese caso, será normal que cargues con ese ejemplo como un reflejo de lo que son todas las relaciones; incluso puede que pienses que tiene que estar presente en la pareja para que funcione y te digas cosas como: «Si no desconfías de mí es porque no te importo» o «Si no tengo celos es que en el fondo no te quiero».

EJERCICIO

Cuando nos relacionamos, pensamos inconscientemente en el primer modelo de relación que hemos tenido. A continuación te propongo que hagas una lista con aquellas cosas que te gustan o gustaron de esa relación y las que no te gustarían para ti.

Cosas que me gustaron o gustan de la relación de mis padres	Cosas que no me gustaron y que no querría para mi relación

Cuando no sabemos que esta manera de entender el amor y las relaciones es aprendida por los modelos que hemos tenido (que se relaciona con estereotipos culturales), no nos planteamos hacer algo para cambiarlo, pero si sabemos de qué pie cojeamos o reconocemos nuestro talón de Aquiles, será más fácil romper con aquello que no nos guste. **Podremos ser conscientes de nuestros comportamientos y actitudes adquiridas, gestionar nuestras emociones y decidir actuar diferente.**

Romper el molde

Como hemos visto, tenemos dos opciones de actuación frente a una carga por legado que nos genera malestar: rebelarnos y hacer lo contrario o someternos y perpetuar la herida.

Cuando iniciamos un viaje de autoconocimiento como este, cuestionamos creencias que teníamos integradas en lo más profundo de nosotras y, a menudo, descubrimos que esas creencias tenían que ver más con el aprendizaje y la práctica que con nosotras mismas.

A María, de veintidós años, le daba miedo conducir. Se sacó el carné después de varios intentos porque se ponía muy nerviosa, pero luego, sin la presión del examinador, se relajaba tanto al volante que hasta cantaba la canción que sonaba en la radio mientras conducía.

María no tenía especial interés en sacarse el carné, pero en su casa querían «darle todo». Sin embargo, ni la abuela, ni la madre, ni la tía de María conducían, por lo que ella tampoco veía la necesidad de hacerlo: **había visto cómo las mujeres de su familia se las habían ingeniado para tener alternativas, como acudir a los hombres**.

Cuando María obtuvo el carné no tenía coche con el que practicar y tampoco dinero para pagarse uno; así fueron pasando los años, con la mala suerte de que tuvo un accidente yendo de copiloto. Además de no ver la necesidad, le cogió miedo. Doce años después, María no había vuelto a ponerse frente al volante, aunque no era un problema para ella. Pero entonces, cuando se dio cuenta de que quería quedarse embarazada, pensó en aquellas cosas que había visto al crecer y que no quería repetir, y no conducir era una de ellas. **Tenía claro que quería que sus hijos vieran en ella a una mujer independiente que no necesitaba que nadie la llevase a ningún lado.**

Esta historia no está terminada y puede tener distintos finales. En terapia no tenemos respuestas de manual para saber qué es mejor y qué peor, así que, si María conduce o no, no importa: eso no la hará peor madre ni persona ante sus hijos.

Un final podría ser que María se apuntó a las clases prácticas de reciclaje de la autoescuela, y aunque le daba mucho miedo, incluso ansiedad, a medida que iba repitiendo la clase una vez por semana, la ansiedad disminuyó y la confianza aumentó. Pero uno diferente puede ser que María se centró en otros aspectos para preparar su maternidad y no condujo nunca.

Darse cuenta de que quizá ese aspecto tan relevante para ella era una forma de hacerlo mejor como madre, de no someterse a su historia y de no repetir lo que sentía que no habían hecho bien con ella: eso era lo importante. Para María, el tema de la independencia de su madre era importante: al indagar en su historia familiar, descubrí que había visto que se quedaba en lugares donde no la trataban del todo bien. En su niña interior todavía vivía la fantasía de que, quizá, si su madre hubiera conducido, habría cogido el coche y se habría ido de casa hacía mucho tiempo, con lo que su historia (la de ambas) habría cambiado de manera drástica.

Luego conocí a Claudia, de veinticuatro años, que nada tenía que ver con sus hermanas. Sus hermanas se habían comprado pisos en el mismo barrio que toda su familia, y ella tenía el deseo de comprar una caravana e ir a recorrer el mundo, cosa que hacía que su madre pusiera el grito en el cielo. No entendía cómo era posible que, para su hija, la felicidad estuviera lejos de los suyos; no entendía que, en la distancia, Claudia conseguía escucharse mejor.

Cuando la conocí, ella no sabía hasta qué punto ese deseo de ser nómada tenía que ver más con llevar la contraria para fastidiar que con una realidad, un deseo propio, pues no se recordaba a sí misma de pequeña teniendo ese sueño. Pero **¿y si en esa decisión había un poco de ambas cosas?**

El hecho de rebelarse no implica que sea una mala decisión en sí misma: a veces hacer lo contrario a lo que siempre se ha hecho y lo que más conviene van de la mano. En cambio, si la decisión solo se toma para generar malestar a otros, realmente estamos ignorando nuestro propio deseo.

Indagando en terapia descubrimos que toda la historia de Claudia la había llevado a pensar en ella como **la oveja negra**. Era, en comparación con sus hermanas, diferente. Ellas vivían cerca, estaban casadas y habían estudiado Medicina, lo que sus padres les habían sugerido. Claudia no: había estudiado Veterinaria y no quería quedarse en su ciudad natal. Había creado su personalidad con base en ese contraste tan marcado, a los comentarios que reforzaban la idea de que era distinta al resto. Esto, en muchas ocasiones, le aportaba libertad y autenticidad, pero en otras la hacía sentir tremendamente sola y sin un refugio al que volver. **Si no hubieran comparado constantemente las decisiones de Claudia con las de sus hermanas, ¿su vida hubiera tomado este camino?** Tal vez no.

> Cuando iniciamos un proceso de terapia tenemos el deseo de reconocernos a nosotras mismas «sin el trauma», cuando en realidad lo que vivimos nos ha dejado huella y, de una forma u otra, nos ha impactado. Debemos hacer las paces con ello.

Como te he repetido a lo largo de estas páginas, el objetivo de este libro es ayudarte a tirar del hilo de tu historia para conocerte más y entenderte mejor. Aunque pueda entender a tu madre, sus comportamientos y actitudes en algunas ocasiones, sigo estando de tu lado. Desde el inicio hasta el final, este libro es para ti.

EJERCICIO

Antes de pasar al siguiente capítulo, pregúntate aquí y ahora qué cosas crees que son importantes para tu madre. ¿Coinciden con lo que es importante para ti?

¿Cómo crees que definiría ella a una buena madre? ¿Y a una buena mujer?

....
....
....
....
....
....
....
....
....
....

¿Cuáles serían los aprendizajes que te ha transmitido y que no te importaría repetir y cuáles querrías cambiar por completo?

....
....
....
....
....
....
....
....
....
....
....
....
....

6

EL PODER DE CONOCER CÓMO OS RELACIONÁIS: SALIR DEL JUEGO RELACIONAL

Querida mamá:
me duele mucho que seas como eres y no cambies.
Sé que todo habría sido diferente si lo hubieras hecho.

Hablar de las herencias y de las cargas familiares, en concreto de aquellas que llegan hasta nosotras a través de nuestra madre, nos ayuda a saber **de dónde venimos para entender dónde estamos**.

Cuando iniciamos un proceso de terapia es necesario, como digo yo, **hacer un baile entre el pasado y el presente**. Es muy importante echar la vista atrás y ser consciente de que lo que me pasa hoy en mi relación madre-hija no surge de la nada, de un momento concreto y único (a no ser que hablemos de un trauma con T mayúscula, como ya hemos visto). Todas nuestras experiencias vitales conforman nuestro trayecto; nos impactan. Pero si nos quedamos demasiado ancladas en el pasado, corremos el riesgo de sentirnos atrapadas en él y de perder la esperanza de que exista una salida para nosotras y para el sufrimiento que vivimos de niñas. Por eso, en este capítulo quiero hablarte de **los juegos relacionales disfuncionales** en los que podemos permanecer durante mucho tiempo sin darnos cuenta, para que puedas sentirte más libre y tomes las riendas de la relación desde un lugar donde no te hagas daño.

Ya hemos visto que, en el camino de la sanación, es esencial detenerse y tomarse tiempo para ver y reflexionar sobre cómo ese impacto del pasado nos afecta hoy, en nuestro presente, así como aprender cómo podemos satisfacer las necesidades emocionales que en su día quedaron descubiertas. Y una de las formas de entender el impacto de la relación en nuestro presente es centrarnos en las **dinámicas relacionales**, un enfoque que resulta clave para trabajar en los procesos de las personas que acuden a mí.

En términos generales, cuando hablamos de una dinámica de relación nos referimos a **los distintos aspectos que conforman el vínculo** y que se dan en la interacción entre los participantes de la relación, como la estructura familiar, los roles, las normas y límites, la autoridad, la afectividad, la comunicación y el uso de tiempo libre.

Según Eric Berne, psiquiatra canadiense, creador del **análisis transaccional** (1964), todos nacemos como príncipes y princesas, como personas sin autolimitaciones que tienen un buen concepto de sí mismas y que creen que se merecen cosas buenas y que pueden conseguirlas. Este método integrador busca ayudar a comprender la relación con los demás y con uno mismo, explicar el comportamiento humano a través de las interacciones a las que llamó **«juegos psicólogos o relacionales»**, juegos en los que participamos y nos generan confusión y conflicto, pero en ningún caso diversión. Es lo que comúnmente conocemos como **dinámicas disfuncionales**: comportamientos o actitudes que impiden que se detecten y se cubran las necesidades emocionales de los miembros que componen el vínculo.

Cuando hablo de dinámicas me refiero a aquellas relaciones en las que existe un patrón de comportamientos que afectan la harmonía. Por ejemplo: la dificultad para resolver un conflicto, la falta de empatía y el exceso de juicio o la dificultad para comunicar, establecer o mantener límites. La mayoría de nosotras conocemos estas dinámicas basadas en la falta de comunicación clara, de autenticidad, de apoyo y de seguridad, aunque no seamos conscientes de esas carencias.

Esta teoría humanista nos permite palpar nuestra responsabilidad en estas relaciones y las interacciones inconscientes que definen nuestros vínculos, para comprender por qué reaccionamos como lo hacemos en un determinado momento y ante una determinada persona, y cambiar aquello que nos perjudica, nos hiere o nos genera incomodidad.

EJERCICIO

Antes de seguir, me gustaría hacerte dos preguntas. Seguramente necesites tiempo y tranquilidad para pensar en las respuestas. No te preocupes, tómate el tiempo que creas conveniente. Imagina que tu madre te ha prometido acompañarte a hacer un recado después de trabajar. Tú estás cansada y necesitas ayuda extra para llevar a cabo la tarea. En el último momento te llama y te dice que se le ha complicado la tarde y que no podrá acompañarte.

¿Crees que, ante esta misma situación y comportamiento, responderías de la misma manera a una amiga y a tu madre? ¿Sientes que serías capaz de compartir tu malestar? Si tu respuesta es negativa, usa este espacio para compartir aquello que le dirías pero que nunca te atreves.

Desde dónde nos relacionamos: el modelo PAN

En su libro *Los juegos en los que participamos*, Berne desarrolló el modelo PAN (padre-adulto-niño) para explicar los modelos de conducta: tres estados mentales del yo, cada uno con una función, desde los que nos relacionamos según la persona y el contexto. Es decir, todas podemos actuar desde un estado u otro según el tipo de vínculo e interacción que establecemos con quien tengamos delante.* Estos estados del yo seguramente te recuerden a las partes internas de la teoría de IFS. Aunque se trata de enfoques terapéuticos diferentes, su visión humanista del yo es muy similar y nos ayudan a entender mejor quiénes somos y cómo nos relacionamos.

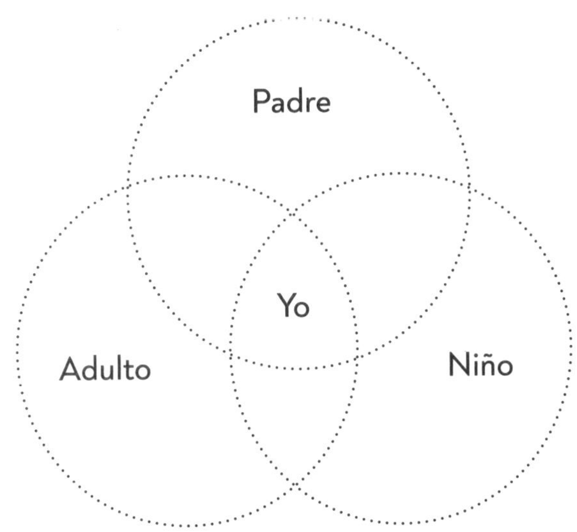

* Utilizo aquí el masculino para ceñirme a la terminología empleada en la teoría original de Berne, pero, por supuesto, podríamos estar hablando de «madre-adulta-niña».

El **padre** describe un **estado centrado en las normas y los «debería», según los aprendizajes que hemos recibido**. Cuando nos encontramos relacionándonos con este estado sentimos, pensamos, actuamos, hablamos y respondemos de una manera muy similar a como lo hacían nuestros padres con nosotras. Hemos interiorizado la voz de nuestros cuidadores y reaccionamos guiadas por un mandato: «hacerlo bien». Al mismo tiempo, este estado se divide en dos partes: el padre nutritivo, vinculado con el apoyo, la protección y el cuidado; y el padre crítico, relacionado con el castigo, los prejuicios, los límites y el «siempre se ha hecho así».

El **niño** describe el **estado mental centrado en las necesidades y los deseos**, en hacer lo que nos apetece y en todas **las creencias que hemos adoptado de manera inconsciente** a través de nuestras experiencias infantiles. Es la parte más auténtica de nuestra esencia, la parte que se comporta igual que lo hacía cuando teníamos cierta edad y busca por qué lo hacemos. Para entenderlo será importante conocer qué necesidades tenemos descubiertas, para relacionarlas mejor con nuestras reacciones «infantiles» cuando aparecen en nuestro presente. Según las experiencias que vivimos en la infancia, este niño se divide a su vez en niño rebelde, niño sumiso y niño libre.

Por último, el **adulto** es el **estado mental que recoge la información de los dos estados anteriores y la filtra para tomar una decisión consciente y objetiva**, con perspectiva gracias o debido a las experiencias vividas.

Cuando se produce un desequilibrio entre estos estados por exceso o por defecto, **suelen entrar en conflicto el deber y el sentir**. Si en nuestras reacciones el padre aparece con excesiva frecuencia, estaremos focalizadas en actuar desde nuestras creencias recibidas sin pararnos a escucharnos y saber si eso es lo que más nos conviene en el presente. Por el contrario, si hay un «exceso de estado niño» en nuestras reacciones, estas podrían sentirse como inmaduras.

Y tal vez te preguntes: «Pero, Marta, **todo esto que me estás compartiendo, ¿cómo puedo aplicarlo?** ¿Cómo puedo reconocer un desequilibrio y ser consciente desde dónde me estoy relacionando con mi madre?». Para explicártelo, deja que te cuente una historia.

Natalia, de veintiséis años, llegó a consulta agotada y sumamente agobiada. «Me cuesta parar» era una frase que repetía varias veces prácticamente en cada sesión que hicimos juntas durante los tres primeros meses de terapia. Trabajaba y estudiaba a la vez. Además de eso, iba al gimnasio con frecuencia, leía novelas sobre crímenes, veía películas románticas, le gustaba hacer manualidades en casa, se esforzaba por mantener el contacto con sus amistades, estaba en una relación de pareja y se ocupaba de que tuvieran citas interesantes y de encontrar planes geniales para hacer el fin de semana.

Aunque en consulta habíamos hablado de la necesidad de revisar algunas rutinas y de la importancia de encontrar momentos de autocuidado y tranquilidad para sí misma, Natalia me decía una y otra vez: «Marta, es que mira que lo intento, me acuerdo todos los días de lo que decimos en terapia. Pero luego estoy en el sofá, intentando estar tranquila mientras veo una película, y me siento fatal. Pienso que soy una vaga y que podría estar haciendo algo de provecho, y creo que estoy perdiendo el tiempo. Eso hace que me sienta mal y me impide parar. Noto que estoy atrapada en un círculo vicioso».

Aunque la veía cada semana, siempre nos faltaba tiempo debido a la cantidad de cosas que le pasaban y que necesitaba compartir conmigo. Esto nos impedía profundizar en el impacto a nivel emocional de lo que estaba viviendo. A Natalia le costaba mucho entender que **sostener ese ritmo frenético que llevaba**, no solo en el trabajo, sino al salir de él y dentro de su cabeza también, **no era sano. Todos sus pensamientos y su diálogo interno estaban enfocados en hacer lo que correspondía en cada momento**, lo que creía que debía hacer (una actitud muy propia del «estado padre») y ella no creía que fuera a cambiar, aunque pasase años en terapia. Siempre había sido así, decía.

Aunque constantemente sentía ansiedad, le dolía la cabeza y enfermaba con frecuencia, experimentaba una culpa terrible cuando paraba para tomar un respiro, aun cuando su cuerpo le gritaba que no podía más. Le costaba mucho conectar con sus necesidades emocionales y con su cuerpo a todos los niveles: no era consciente ni de cuándo le dolía la cabeza o de que llevaba tres horas sin levantarse de su escritorio y posponiendo ir al baño. Es decir, le costaba conectar con el «estado niño».

Mi trabajo terapéutico con Natalia se centró **en descargarla del deber de parar y calmarse**. Había tomado una tarea, la de intentar relajarse, que debía ser de autocuidado, como otro deber, como una tarea más que tachar en su lista interminable y que, además, no estaba consiguiendo hacer «bien». Esto alimentaba el bucle de su exigencia: no conseguir relajarse le generaba más ansiedad, y para frenar esa angustia empezaba a hacer todavía más cosas y no podía parar, por mucho que lo intentase.

Nos focalizamos en analizar, por una parte, de dónde venía esa falta de tiempo para ella y, por otra, la necesidad de hacerlo siempre todo perfecto. A través de la introspección y la exploración en consulta, vimos que, en su infancia, su madre se había relacionado mucho con ella desde el estado padre (o madre, en este caso), algo que le había impedido prestar la atención necesaria a las necesidades de su hija.

La madre de Natalia era madre soltera y, para mantener a su hija, pasaba muchas horas fuera de casa trabajando y, cuando volvía, se mostraba muy exigente con las tareas. La madre de Natalia se sentía culpable por estar fuera de casa durante muchas horas y no poder transmitir los valores y la educación que quería a su hija, que dependía totalmente de ella. Por ello, cuando estaba presente, intentaba guiarla para que lo hiciera todo «correcto» y hacer de ella una mujer independiente y válida.

Natalia descuidaba sus deberes para recoger todo el piso, cocinar para que su madre no tuviera queja alguna. Aun así, la mayoría de las veces las cosas no estaban lo bien recogidas, ordenadas o limpias que deberían y se enfadaba con ella. Natalia recordaba que, en esos momentos, empezaba a dolerle la barriga, probablemente debido a la angustia, pero cuando lo compartía con su madre, le decía que seguro que era porque había estado comiendo cosas que «no tocaban» en vez de alimentarse bien.

Natalia aprendió que no podía descansar o relajarse, ni siquiera cuando su madre no estaba en casa. Vivía en un estado de alerta constante, siempre pendiente de que todo estuviera hecho, con la idea fija de hacer «lo que debía» para ser **una buena persona** y, para su madre, **una buena hija**.

Volviendo al presente, desde fuera, es evidente que la calidad de vida de Natalia y su salud mental mejorarían mucho si simplemente bajara el ritmo, cancelara algún plan y descansara. Pero si analizamos su historia a fondo y ponemos su presente en perspectiva, entendemos por qué no se permitía parar, algo que además está mal visto en nuestra sociedad, en la que la productividad se pone por delante del bienestar personal de cada uno.

Parar representaba un peligro. Si de pequeña lo hacía, su madre podía juzgarla, castigarla o rechazarla, cuando lo único que Natalia quería era que viera todo su esfuerzo y lo reconociera, y sobre todo que la quisiera a pesar de que hiciera o no lo que se esperaba de ella.

EJERCICIO

¿Te sientes identificada con Natalia? ¿Siempre oíste en casa que tu madre reforzaba la importancia del trabajo y el sacrificio, con frases como «la vida es dura, hay que esforzarse para llegar a ser alguien en esta vida, si no, siempre van a pisarte»? ¿Qué otros mensajes transmitidos por ella recuerdas y crees que has integrado en tu día a día y en tu manera de relacionarte? ¿Crees que esto te ha limitado de algún modo? ¿Qué cosas te ha impedido hacer desde ese estado de crítica o juicio, desde el «debería»? Inspira profundamente y tómate unos minutos para reflexionar antes de seguir con la lectura.

Esos aprendizajes asimilados forman parte de ti, aunque ahora realmente ya no pienses así. Al recibirlos de manera directa o indirecta, durante muchos años, no somos conscientes de ellos y se vuelven mandatos que hay que cumplir, órdenes que hay que seguir. Sin embargo, recuerda: todo aprendizaje está sujeto a ser desaprendido.

Si nos centramos en exceso en lo que debemos hacer, nos cuesta ver las necesidades de los otros dos estados que conforman nuestro yo y nuestra manera de relacionarnos. Cuando un comportamiento, un hábito o una respuesta nuestra a un suceso dentro del vínculo nos genera malestar, **conviene escucharnos atentamente y preguntarnos qué necesitamos desde el yo niño, o si eso nos conviene desde el yo adulto**, que es la parte que puede actuar en consecuencia.

La economía de las caricias

A partir del modelo del análisis transaccional de Berne, el psicoterapeuta francés **Claude Steiner** (1971), especializado en inteligencia emocional, desarrolló una teoría relacional centrada en el estudio de los efectos de la carencia o abundancia de los afectos durante la etapa de crecimiento y a lo largo de la vida. Esta teoría, conocida como la «economía de las caricias», defiende que, para sobrevivir y prosperar, la caricia, entendida como cualquier estímulo que reconozca nuestra existencia como seres sociales interdependientes del contexto y los sistemas en los que habitamos, es tan necesaria para nuestra supervivencia como el alimento, el agua o el aire.

Como hijas, cuando estábamos en el vientre de nuestra madre, estábamos en contacto total con ella. Al salir del útero materno, ese abrazo, esa protección e intimidad más primaria y profunda, desaparece. Y a partir de ahí, como seres humanos con necesidades emocionales, **iniciaremos una búsqueda para restablecer ese abrazo, de la mejor manera posible**. A veces, por desgracia, esto no es posible, y buscamos cualquier forma de reconocimiento, incluso si nos hace sentir un verdadero malestar.

Las caricias, entendidas de acuerdo con esta teoría como estímulos para el individuo, pueden dividirse en **dos categorías**:

- **Caricias positivas:** aquellas que nos hacen sentirnos bien, aumentan nuestra autoestima e invitan a actuar desde una mentalidad positiva. Pueden ser verbales, como cuando nos dicen: «Gracias por hacerme la cena hoy que llego tarde»; corporales, como un abrazo al volver a casa después de pasar mucho tiempo fuera; escritas, como cuando recibimos un mensaje de alguien que nos quiere, diciéndonos lo mucho que desea vernos; gestuales, como recibir una sonrisa reconfortante en un momento de nervios; o acciones, como que nos regalen algo por sorpresa, porque la otra persona sabe lo mucho que nos gusta. **En suma, el afecto es un nutriente para nuestras emociones.**
- **Caricias negativas:** aquellas que nos hacen sentir emociones desagradables, disminuyen nuestra autoestima e incluso pueden generarnos dolor, sufrimiento o soledad. Pueden ser: verbales, como una burla o una broma pesada; corporales, como

la ausencia de abrazos o sentir el rechazo de una mano al apartarse cuando la rozamos sin querer al sentarnos a la mesa; gestuales, como recibir un gesto de desaprobación cuando hablamos de un deseo de hacer una actividad que en casa no llama la atención; o acciones, por ejemplo que ignoren el dibujo que estamos mostrando, no asistir a un evento escolar, o que nos agarren fuerte del brazo en ocasiones en las que no hay peligro.

Muchas de estas caricias las encontramos en la relación madre-hija, pero, cuando somos pequeñas, es posible que recibamos **caricias negativas de otras personas adultas externas al vínculo**. ¿Recuerdas si alguna vez, cuando eras una niña, tu madre hacía comentarios con los que te sentías juzgada, por ejemplo: «¿Cómo es que esta niña todavía no sabe ponerse los zapatos sola?»? ¿O acaso fuiste testigo de cómo ella permanecía en silencio cuando un adulto (de tu familia o no) se le acercaba en tu presencia y le decía algo como: «¿Has ido a que le miren esas orejas de soplillo tan feas a la niña? Si no lo haces ahora, cuando crezca, será peor», con el fin de hacerte sentir que había algo malo en ti, en tu cuerpo?

<u>Las caricias negativas, por hirientes que sean, nos hacen sentir reconocidas</u>: nos hacen saber que hay alguien que se da cuenta de que estamos ahí y de que se fija en lo que hacemos, incluso en quiénes somos. Por ello, cuando estamos acostumbradas a este tipo de caricias, es probable que, si alguien nos toca con amor, este gesto nos genere incomodidad: es algo nuevo, y eso da miedo.

Y, por supuesto, no hace falta «llevarse a matar» para

que sepas de lo que hablo. Deja que te ponga un ejemplo. Carla define la relación con su madre como buena. Se llevan bien, quedan para tomar café una vez por semana, se cuentan todo y sienten que tienen una relación de confianza. Sin embargo, en una de sus citas semanales, Carla se puso un jersey nuevo que le encanta y lo primero que le dijo su madre fue: «Ay, cariño, ¿este jersey te pones hoy? Si tienes el otro verde que tanto me gusta y tan bien te queda, este rosa no te favorece, pero bueno, mira, si te pones la bufanda encima, así, no se nota tanto». A Carla ni siquiera le había dado tiempo a decir hola y ya tenía ganas de irse. Sin embargo, pensó: «Bueno, es solo un comentario sin mala intención. Ya la conozco, ha sido siempre así y ya me he acostumbrado. En el fondo, no lo dice a malas y lo dice por mi bien». **¿Te suena?**

EJERCICIO

¿Puedes reconocer caricias emocionales positivas y negativas en la relación con tu madre? ¿En qué aspectos o ámbitos tienes su reconocimiento en forma de caricia positiva? ¿Y qué respuesta en forma de caricia negativa sueles recibir de su parte?

Caricias positivas	Caricias negativas
....	....
....	....
....	....
....	....

El triángulo dramático

Relacionada con la teoría de los juegos relacionales y el modelo PAN, en 1974, basándose en las aportaciones de Berne, **Stephen Karpman** desarrolló un nuevo modelo de interacción para analizar la resolución de conflictos en sistemas con dinámicas disfuncionales: el «triángulo dramático».

Según Karpman, gran parte de los conflictos relacionales que vivimos se deben a procesos cotidianos, que experimentamos sin ser conscientes de ellos, debido a comportamientos, actitudes y patrones de conducta que hemos asumido e integrado en el contexto relacional. Afirma que estos procesos, a su vez, nos hacen adoptar diferentes roles o papeles psicológicos que representamos en nuestras relaciones: **víctima, salvador y perseguidor**.

Antes de continuar me gustaría decirte que, en mi opinión, esta teoría describe los comportamientos de una forma algo dura, pero te puede ayudar a identificarte mejor en tu vínculo. No obstante, es normal que, al leer las siguientes páginas y ver las descripciones de estos roles, no quieras reconocerte en ninguno de ellos. Si es tu caso y sientes que lo que encuentras en estas líneas es demasiado para ti, tómate el tiempo que necesites.

Es importante que sepas que todas podemos relacionarnos en algún momento desde alguno de ellos, y es interesante ser conscientes de la dinámica que han establecido, si se basa en el control o en la confianza, y saber si, con nuestros comportamientos interiorizados, seguimos perpetuándola sin darnos cuenta de ello.

De todas formas, esta teoría no se aplicaría a situaciones de maltrato o negligencia. Si es tu caso, no me gustaría que mis palabras te llevaran a sentir que tú participas o promueves una dinámica en la que claramente eres la víctima. **En el enfoque del triángulo dramático, aunque se use el término «víctima», la palabra adquiere un matiz diferente.** Esta es una teoría que habla de dinámicas relacionales disfuncionales, donde lo más habitual es la ausencia de vínculos basados en las emociones.

La **víctima** se reconoce como una persona en una posición inferior dentro del vínculo. Es un rol que se caracteriza por la dependencia, pero también, a veces, por acusar a los demás de no ayudarla lo suficiente, y buscar que los demás resuelvan sus problemas. Puede creer que tiene privilegios especiales porque durante su vida ha sido víctima de determinados hechos, como una manera de no asumir la responsabilidad. Imagínate que, cuando quieres hablar sobre tus heridas, tu madre te dice: «Claro que sí, hija, cúlpame de todo lo que te ha pasado... Yo solo intentaba hacer lo mejor para ti, pero está claro que no ha sido suficiente. Mi vida no fue fácil y ahora te la he fastidiado a ti». Si recibimos este mensaje de nuestra madre, solo tenemos dos opciones desde esta dinámica: exculparla y salvarla, o criticarla y perseguirla.

El **salvador** se posiciona como superior con respecto a la víctima. Se tiene en alta estima a sí mismo y se ve por encima de los demás, a los que ayuda «desinteresadamente» y sin que se lo pidan. Es un rol que tiende a actitudes de sobreprotección y a anular la capacidad de la otra persona para, así, perpetuar la dinámica. Aunque sea desde la bondad, termina por anular a la víctima para evitar que reconozca su poder y lo use, liberándose de su dependencia. Una respuesta de salvador al comentario anterior podría ser: «Mamá, no te pongas así, yo no sabía que habías sufrido tanto, perdóname, no quería hacerte sentir mal».

El **perseguidor** aparece, por ejemplo, cuando nos enfadamos con alguien que no acepta nuestra ayuda, y, desde esa rabia, lo perseguimos con comentarios como: «Yo solo te quería ayudar, pero tú sabrás, ahora hazlo tú sola» o «Yo solo lo digo por tu bien, no hace falta que te pongas así». Quienes asumen este rol adoptan una actitud reprobatoria, crítica o acusatoria como mecanismo de defensa, no solo para hacer frente a situaciones incómodas o problemáticas, sino también para imponerse. El perseguidor respondería a la madre con un comentario como: «Lo que está claro es que tú nunca escuchas… Pues sí, lo has fastidiado todo. Yo no te pedí que me tuvieras».

¿De qué manera podríamos dejar de jugar en este triángulo dramático que hemos dibujado?

- **Mamá (hablando desde la víctima):** «Claro que sí hija, cúlpame de todo lo que te ha pasado en la vida... Yo solo intentaba hacer lo mejor para ti, pero está claro que no ha sido suficiente. Mi vida no fue fácil y ahora te la he fastidiado a ti».
- **Salvador:** «Mamá, no te pongas así, yo no sabía que habías sufrido tanto, perdóname, no quería hacerte sentir mal».
- **Perseguidor:** «Lo que está claro es que tú nunca escuchas... Pues sí, lo has fastidiado todo. Yo no te pedí que me tuvieras».
- La manera de romper esta dinámica sería reaccionando **desde nuestra adulta**: «Mamá, yo no te culpo de todo. Solo digo que, aunque no tuvieras la intención de hacerme daño, y quisieras lo mejor para mí, algunas de las cosas que hiciste cuando era una niña me hicieron daño y me parecía honesto que lo supieras».

El modelo de Karpman, que utilizo mucho en consulta, nos ayuda a distanciarnos para ver las relaciones como un escenario en el que se producen interacciones. Nuestra intervención puede hacer «saltar» inmediatamente a la otra persona, y aunque revisar una relación disfuncional, y más con la madre, es algo que remueve muchas emociones, hacerlo nos ayuda a darnos cuenta de los juegos y la bidireccionalidad. Algunas veces salvamos o queremos que nos salven; otras perseguimos o nos sentimos perseguidas, incluso vemos lo que cuesta responsabilizarse. Y, a menudo, **en nuestra historia encontramos ejemplos en los que nos relacionamos (disfuncionalmente) desde los tres estados o roles**.

Recuerdo que, en una ocasión, una persona a la que acompañaba en su proceso terapéutico me dijo: «Marta, lo más doloroso, además de descubrir el sufrimiento que cargaba de las experiencias con mi madre, ha sido descubrir que también **yo tengo la capacidad de dañar**». Pero también hay esperanza cuando nos damos cuenta de que, bajo el sufrimiento y la costumbre, existe una dinámica que no nos hace ningún bien. Es más fácil ubicarnos en el lugar que nos corresponde y que necesitamos adoptar y, así, establecer, o al menos intentarlo, relaciones más satisfactorias.

Estos roles pueden asumirse durante minutos, días, semanas, años e incluso durante toda la vida. Pero la información es poder, y conocerte a ti misma y entender cómo funcionan tus vínculos es clave para que puedas abandonar el juego que te hace daño lo antes posible.

PERSEGUIDOR
Culpabiliza al resto
Es intransigente

SALVADOR
Ayuda sin que se lo pidan
Se sacrifica por los demás

VÍCTIMA
Se queja constantemente
Busca que otros resuelvan sus problemas

Ahora veamos un ejemplo real que atendí en consulta para entender **cómo podemos reconocer los roles en situaciones cotidianas y cercanas a nuestras experiencias**.

Raquel, de treinta y cuatro años, siempre se ha sentido muy perseguida por su madre, y eso le impide ser ella misma en su presencia. Raquel vive con sus padres. Nunca se ha independizado, siempre ha estado cuidándolos, sobre todo a su madre, a la que siempre le duele la espalda. Como consecuencia de este malestar físico, casi siempre está de mal humor y constantemente está corrigiendo a Raquel, echándole en cara todo lo que, desde su punto de vista, hace mal en casa, criticándola por no haber encontrado una pareja y haberse independizado a su edad.

En el caso de Raquel, el modelo del triángulo dramático nos sirvió para ver las posiciones que ocupaban con frecuencia cada una cuando se relacionaban. De esta manera pudimos entender por qué la madre perseguía a Raquel para que hiciera su vida de determinada manera, encontrase un buen trabajo y se fuese de casa. Pero, a la vez, cuando Raquel tomaba sus propias decisiones y se presentaba a algunas entrevistas o se inscribía a formaciones, también la criticaba y la perseguía, a veces desde la posición de víctima.

En la terapia sistémica, la rama que estudia a la familia y su dinámica, esta situación comunicativa o relacional en la que una persona (en este caso, la madre de Raquel) emite mensajes contradictorios en el contexto de una relación significativa recibe el nombre de **«doble vínculo»**. Este término fue acuñado por el antropólogo inglés Gregory Bateson. Sus aportaciones fueron muy relevantes a la hora de observar los patrones de comunicación familiar disfuncionales.

A continuación reproduzco un diálogo de una situación real y cotidiana muy reveladora que me relató Raquel en consulta:

> —Raquel, oye, ¿por qué no vas a comprar un par de limones y aprovechas y te das una vuelta para despejarte? Y a ver si ves algún cartel donde busquen gente para trabajar de lo que sea...
>
> Raquel obedece, compra los limones y luego da un paseo con la intención de encontrar algún anuncio como su madre le pide.
>
> Cuando vuelve a casa, su madre le dice:
>
> —Madre mía, hija, solo te he pedido unos limones, ¿que los has ido a buscar al campo? Cuánto has tardado...
>
> Al rato, Raquel comenta:
>
> —Mamá, voy a merendar con una antigua compañera de trabajo que me ha comentado que están buscando gente, y puede ser que encaje con el perfil que necesitan.

—Vale, pero no tardes mucho, que hoy la espalda me duele bastante y quizá te necesite... Y ya sabes que tu padre tampoco está muy fino, pero pásalo bien.

Aquí vemos un doble vínculo, en el que Raquel recibe información contradictoria por parte de su madre. Para ella, es difícil manejar la información y actuar en consecuencia debido a la falta de claridad en el vínculo. Después de tantos años participando de esa dinámica, algunas veces Raquel se relacionaba con los demás como su madre lo hacía con ella: era algo que había interiorizado sin darse cuenta. Descubrirlo la afectó mucho y, después de varios intentos en terapia, no creía que hubiera ninguna manera de sentirse mejor ni de cambiar la situación.

No obstante, juntas, con trabajo y paciencia, pudimos dar la vuelta a algunas de estas dinámicas. Para Raquel era más fácil empezar a priorizarse que afrontar la persecución. Una de las acciones que propusimos en la terapia fue contar con alguien externo a la familia que pudiera atender los cuidados físicos de su madre. Su padre no era una opción: nunca había estado muy presente en la conciliación y, ahora que se había hecho mayor, tenía un estado de salud algo débil y sufría de muchas migrañas que lo hacían estar más ausente. Raquel no sabía hasta qué punto eso era real e incapacitante o si se trataba de una excusa para escaquearse y alejarse de la dinámica entre su madre y ella.

Como seguramente te puedes imaginar, el trabajo con Raquel fue durísimo y muy complejo. Hay situaciones que, aunque seamos adultas, nos hacen sentir atrapadas, viviendo una vida que no es la que deseamos, y requieren de tiempo y esfuerzo.

En el caso de Raquel, hoy en día seguimos trabajando en ello. Al buscar romper con dinámicas disfuncionales cuando hay un vínculo o experiencias traumáticas, los cambios se producen a fuego muy lento. Sin embargo, me alegra decirte que, aunque todavía tiene camino por delante, Raquel ha conseguido liberarse de algunas dinámicas que le generaban malestar.

Soy consciente de que **no podemos reducir toda la complejidad de una persona y de la sociedad a un modelo que explica tres aspectos de la personalidad**. Pero, sin duda, es una **herramienta útil que puede ayudarnos a no sentirnos tan perdidas ni tan culpables** cuando creemos que hay algo que no estamos haciendo bien y que los juicios y críticas de nuestra madre son merecidos.

Abandonar estos roles no es fácil ni agradable: supone experimentar «ser» y «hacer» diferente a como lo hemos aprendido.

Así, por ejemplo, desde el rol de salvadora podemos aprender a acompañar en vez de salvar, y ofrecer ayuda cuando nos la pidan sin ser las protagonistas. Así permitimos que los demás puedan equivocarse, sean capaces de aprender y hacerse cargo de sus acciones.

Desde el rol de víctima, podemos ser proactivas, asumir la responsabilidad y afrontar las consecuencias de nuestras acciones.

Y desde el rol del perseguidor, necesitaremos aceptar nuestra vulnerabilidad y reconocer que no sabemos de todo o que no siempre tenemos razón. Podemos alentar a los demás a retos y a desafíos ajenos a la persecución.

Sé que digerir toda esta información lleva tiempo y práctica, mucha práctica. Por eso, para empezar a asimilarla y acercarnos cada vez un poco más a la sanación que buscamos, vamos a hacer un ejercicio juntas.

EJERCICIO

Imagina que tu pareja se ha cogido un par de días festivos para coincidir contigo en vacaciones. Tenéis muchísimas ganas de pasar un tiempo juntas fuera de la rutina y habéis mirado a qué destino podéis ir. Tras valorarlo, coincidís en que os apetece muchísimo ir a la playa. Entonces, tu madre te llama y te pregunta si tienes planes para las vacaciones y te dice, como quien no quiere la cosa, que se siente muy sola, que te echa de menos y que, como trabajas tanto, pasas poco tiempo con ella.

Tú, que no tienes una «mala» relación con tu madre, decides hablarle de tus vacaciones, pensando que quizá puede apuntarse. Incluso te planteas no organizar ningún viaje y quedarte en casa para hacerle compañía.

En cualquiera de las opciones, ¿desde qué rol del triángulo dramático crees que está participando tu madre en el vínculo? ¿Y tú? Antes de seguir leyendo, para y piensa. Como siempre, tómate todo el tiempo que necesites.

En este caso, tomando como referencia el triángulo dramático de Karpman, tu madre está adoptando el rol de víctima y tú, si decides invitarla o cancelar el viaje, la estarás rescatando y colocándote en el rol de salvadora. Pero, lo que tal vez no sepas, es que en realidad este agravio puede repercutir en ti y en tu pareja.

Aunque te digo esto y te hablo de dejar de participar en el juego, salirte de él, sé lo complicado que es saber lo que una tiene que hacer y no hacerlo por miedo a las consecuencias.

La triangulación

Durante este capítulo hemos hablado de juegos relacionales, dinámicas y comportamientos disfuncionales, entendidos como aquellas actitudes y acciones que hacen que una relación no ofrezca lo necesario para que las personas que participan de ella se sientan cómodas, seguras y felices. Y una de las dinámicas disfuncionales más habituales con las que me encuentro en consulta, cuando hablamos de relaciones madre-hija, es **la triangulación**.

Este término remite a una situación en la que hay tres implicados: dos de ellos en conflicto (la mayoría de las veces encubierto) y un tercero, que es utilizado como comodín en la dinámica. Los afectados, en lugar de emplear la comunicación para resolver la situación, buscan incluir a la tercera persona en busca de apoyo para ocultar el conflicto original o desviar la atención de él.

Aunque, como decía antes, se trata de una dinámica relacional que aplica a distintos ámbitos como el trabajo, las amistades o las parejas, por supuesto también la encontramos, y con mucha frecuencia, en la relación madre e hija.

Para explicarte mejor en qué consiste la triangulación, me gustaría compartirte la historia de Mireia, de treinta y seis años. Mireia es la mayor de dos hermanas. Ella siempre ha sido una chica responsable, obediente, y la relación con su madre ha sido, según ella, «buena», aunque siente que su madre ha hecho que perciba cierto deterioro en otras relaciones, como la de su hermana.

Su hermana pequeña es considerada la oveja negra de la familia por ser más «desapegada». Cuando Mireia está con su madre, a menudo se produce una conversación parecida a esta:

MADRE

Mireia, menos mal que vienes a verme, porque a tu hermana no le importa demasiado. Desde que se ha echado el novio este, anda desaparecida.

MIREIA

¿Sí? Ah, pues a mí me cae bien. Parece majo.

MADRE

No sé, Mireia. El otro día no vino a comer porque estaba con él. Por culpa de él se quedó con ganas de venir.

MIREIA

Bueno, mamá, ya la conoces, siempre ha ido bastante a su rollo. Dile que venga otro día.

MADRE

Ni hablar. Tú no le digas nada, eh, que encima se va a enfadar conmigo si sabe que te lo he dicho. Si te cuenta algo, hazte la loca.

Debido a conversaciones como esta, Mireia cada vez es más incapaz de ver a su hermana con ojos de hermana, y lo hace a través de los de su madre: la ve como una «mala hija» que, además, según las descripciones de la madre, es una mujer dependiente.

A la madre de Mireia le cuesta ver a sus hijas, y esto es más común de lo que puedas pensar. Hay madres que, cuando miran a sus hijas, proyectan en ellas su historia, sus miedos, sus heridas, y dejan de verlas tal y como son.

Así que, cuando Mireia ve a su hermana, es leal a la petición que le ha hecho su madre y no comparte con ella sus comentarios, pero como «buena hija que es» sí le «aconseja» algo, porque la triangulación ha hecho su efecto y **Mireia necesita intentar resolver un conflicto que, realmente, no tiene nada que ver con ella**.

MIREIA

Ay, el otro día estuve comiendo con mamá. ¿Te lo dijo?

HERMANA

Sí, me dijo que fuera, pero no me apetecía. Había tenido un día de trabajo brutal y David me propuso pedir comida y ver una peli y era justo lo que necesitaba.

MIREIA

Ah, vale... ¿Qué peli viste?

HERMANA

Pues me quedé frita, la verdad, pero era de las más vistas de Netflix, así que creo que estaba bien... Es que estaba muy cansada.

MIREIA

Ya, eso me pasa a mí también a veces, pero igual podríamos ir un día juntas a casa de mamá y merendar todas juntas. Podría comprar ese chocolate a la taza que tanto te gusta y pasamos la tarde mirando fotos...

HERMANA

¿Y no te apetece más que hagamos eso en tu casa o en la mía?

No sé si te ves reflejada en Mireia, en su hermana o en su madre. En cualquier caso, aquí y ahora le he querido dar voz a Mireia, porque es la que se ve envuelta y atrapada resolviendo un conflicto que no tiene que ver con ella a causa de la triangulación.

Tomar conciencia de estos juegos relacionales es necesario para entender qué tipo de vínculo tenemos en realidad, ver con claridad los ajustes que necesitamos hacer para sentirnos más seguras, y saber qué cambios pueden llegar a producirse o no en la relación con nuestra madre.

Si a lo largo de este capítulo te has identificado en un rol u otro, quiero decirte que eso no está ni bien ni mal. Verte reflejada en ellos habla de las dinámicas relacionales que se están produciendo, y el simple hecho de que te hayas dado cuenta de que en tu vínculo hay una disfuncionalidad ya es todo un logro del que debes sentirte orgullosa. **Aunque desagradable, has dado un gran paso para explicar tu sensación, tu malestar**, y eso, aunque ahora duele, espero que te dé alivio y aliento a la vez.

No debemos pretender o buscar que estos roles se eliminen por completo: cuidar a la gente que te rodea es algo que puede nacer de ti y formar parte de tu forma de ser. Pero recuerda esto: también tú debes cuidarte y tenerte en cuenta. Las dinámicas que establecemos en nuestros vínculos son aprendizajes, la mayoría adquiridos de nuestras relaciones tempranas, y reconocernos no implica permanecer ahí si duele.

7

ENTRE MADRES E HIJAS ADULTAS: EN BUSCA DE AMOR

> Querida mamá:
> necesitaba que te hicieras cargo de mí y de ti. Tuve que hacerlo como pude y, después de todo, lo conseguí... Pero fue demasiado para mí.

A lo largo de estas páginas hemos profundizado en varias teorías y aspectos que marcan la relación madre-hija; hemos hablado del apego y de cómo la calidad del vínculo habla de la seguridad que hubo en la relación con nuestra madre en la infancia; sobre la importancia de la historia de tu familia, incluida la vida de tu madre antes de tu llegada; sobre cómo se siente el vacío y la ausencia de la figura materna que necesitábamos o deseábamos en la realidad; sobre cómo esa carga y el duelo asociado a ella nos impulsan a querer ser distintas; o cómo nos bloquean a la hora de llevar a cabo el cambio. En definitiva, hemos hablado **sobre las dinámicas de relación que han marcado vuestro vínculo**.

Como ves, son muchos los temas que hemos tratado, todos ellos necesarios para enfrentarnos ahora, aquí, en estas páginas, a este capítulo. Aunque me encantaría estar a tu lado en persona, estoy contigo, dándote la mano durante todo el camino.

Una de las grandes preguntas, **la pregunta «estrella»**, que muchas mujeres me han hecho en algún momento de su proceso es:

¿Cuándo crees que la relación con nuestra madre está sanada?

Después de años acompañando procesos como los que describo en este libro y de haber trabajado en mi propio camino, diría que la sanación puede tomar distintas formas, pero que la tranquilidad, sin duda, es un buen indicador.

Sanar no significa que ya no nos duela o que no nos afecte. Cuando **has emprendido este camino, reúnes más estrategias y herramientas para acompañarte y protegerte en el dolor**. Y, gracias a ello, lo que una vez te generó un terrible malestar, ya no duele tanto.

Cuando hay mucha rabia y rencor hacia nuestra madre existe un gran deseo de que nos dé lo que creíamos que era legítimo que recibiéramos en un momento determinado en el que no lo obtuvimos, o que cambie y sea la madre que necesitamos, la madre que nos meceremos. Eso quiere decir que todavía hay aspectos de lo que viviste que necesitas integrar. Y no pasa nada por ello. Es importante darnos el espacio necesario para transitar todas las emociones que nuestro cuerpo nos pida experimentar.

En cambio, cuando experimentamos tranquilidad la mayor parte del tiempo en relación con nuestro vínculo materno, quiere decir que **hemos pasado por todas las fases que teníamos que atravesar: rabia, dolor, angustia y aceptación**. Nos hemos abrazado.

Cuando tenemos una herida materna, debemos entender que nunca la vamos a borrar o ignorar. **Está ahí, y lo pasado ha pasado**. El camino que se abre ante nosotras tiene que ver con el presente y el futuro. Una de nuestras tareas en el camino será aprender cuáles son las cosas que hacen que esa herida se abra con más frecuencia y más profundidad para así poner límites y cuidarnos.

Aunque creo importante decirte que no tienes que pasar por todas las fases ni hacerlo en un orden en concreto (no tengas expectativas ni programes tu sentir, simplemente busca conectar con él), las aportaciones de Elisabeth Kübler-Ross, psiquiatra suizaestadounidense especializada en el análisis del duelo ante la muerte, nos aportan algo de luz para orientarnos. Aunque, en nuestro caso, el duelo que atravesamos no tiene que ver con la muerte, es una expresión de pérdida. **Es el duelo por la madre que nunca fue y, tal vez, nunca sea.**

Kübler-Ross describió el proceso en cinco etapas diferenciadas:

1. **Negación y aislamiento**
2. **Ira e indignación**
3. **Negociación o pacto**
4. **Depresión**
5. **Aceptación**

ETAPAS EN EL PROCESO DE DUELO
(Kübler-Ross)

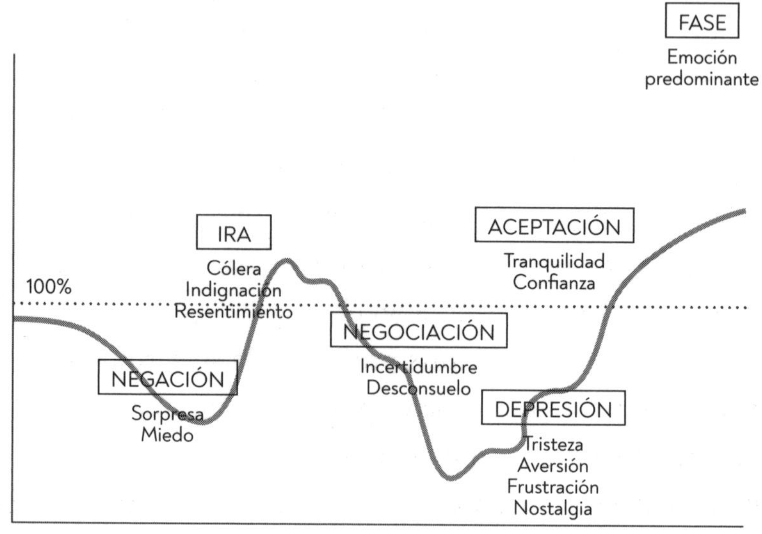

Cuando en terapia no he visto el tránsito de una etapa a otra por completo, pero sí sus destellos y que la persona que tengo delante se reconoce en alguna de estas etapas, me doy por satisfecha. Y es que una parte clave en el proceso de sanar nuestra herida materna es reconectar con nosotras mismas y reconocer nuestro sentir con respecto a lo que vivimos desde la compasión, la amabilidad y el respeto.

Eso es lo que vi, por ejemplo, en Anna, una mujer de veinticinco años que, al iniciar nuestro camino terapéutico para tratar su ansiedad en lo relativo al trabajo, no quería hablar de la relación con su madre: primero porque no creía que eso pudiera explicar su malestar actual y, segundo, porque sentía mucha culpa y vergüenza al hablar de los «trapos sucios». Había aprendido que los trapos sucios se lavan en casa y, por eso, inconscientemente se obligaba a guardar silencio para proteger sus recuerdos.

Con el tiempo, y gracias a las herramientas que fue adquiriendo en terapia, pudo ir sosteniendo el malestar cuando expresaba la rabia hacia su madre a pesar de la culpa. Avanzaba reconociendo los obstáculos que aparecían. Casi de la mano, llegó la fase de negociación. Tras ver qué posibilidad de relación existía al darse cuenta de que lo que quería respondía a una fantasía, probablemente de su niña interior, el dolor de la pérdida la llevó a empezar a asumir y a aceptar el tipo de vínculo real que podía establecer con ella.

Anna esperaba en lo más profundo de su ser que su madre fuera consuelo y abrazo pero, por situaciones personales, a su madre le costaba mucho estar a su lado en los momentos de angustia o tristeza. En cambio, era la persona que siempre acertaba con el regalo que Anna quería y la ayudaba a organizar toda la casa para celebrar cualquier evento.

Aceptar que tienes la madre que «te ha tocado» y no la que te gustaría es un gran duelo en el que decimos que debemos decir adiós a las expectativas.

Una búsqueda desesperada

Escribo estas líneas después de vivir una experiencia intensa y muy íntima con dos grandes divulgadoras: Paola Roig, psicóloga perinatal, y Andrea Ros, divulgadora perinatal. Grabamos un capítulo para su podcast *La vida secreta de las madres*, y aunque fui a hablar sobre mi primer libro, *Abraza a la niña que fuiste*, y sobre las heridas emocionales de la infancia en general, nos ha sido inevitable sacar el tema de la relación materna, incluida la nuestra. Y es que, inevitablemente, casi siempre que hablamos de heridas de infancia terminamos ahí.

Hemos hablado de los **intentos desesperados de búsqueda de conexión**, de esas veces en las que, aunque en el fondo sabemos lo que vamos a encontrar como respuesta, acudimos a nuestra madre con el anhelo de que nos dé algo que nunca nos ha ofrecido y que, probablemente, no nos puede dar.

Si estás leyendo esto y te sientes identificada con esa sensación de tropezar varias veces con la misma piedra, lee con atención: **que no hayas encontrado lo que buscas no quiere decir que debas renunciar a seguir intentándolo**. No conozco a tu madre ni sé cuán posible es la reparación y la restauración de vuestro vínculo hacia un lugar más seguro, pero sí quiero tratar de evitarte algunos golpes de cabeza contra la pared cuando sientes que pedir o esperar ciertas cosas de ella es chocarte con un muro de hormigón. Y estoy segura de que sabes lo que eso duele.

Como adultas, aunque a veces no sepamos ni por dónde empezar a reparar las heridas de la infancia en relación con nuestra madre, hacerlo ya no es tarea de ella, sino nuestra.

A Lourdes, de veintiséis años, le costó muchas lágrimas y no pocos enfados tanto en terapia como fuera de ella. Estaba enfadada con su madre porque había dejado lo que ella consideraba un «buen» trabajo (que le exigía mucho tiempo) por otro de menor responsabilidad. Aunque percibía un sueldo más bajo, llevaba una vida más tranquila. Lourdes sentía cierta rabia porque ahora había cosas que su madre ya no podía comprar como, por ejemplo, ropa de marca.

Quizá leas esto y pienses que existen problemas más graves en la relación con la madre y que Lourdes era una chica superficial y desagradecida, pero, si lo traía a terapia, era porque se trataba de un tema que necesitaba compartir, y yo, como profesional, **me propuse ver qué había debajo de aquella experiencia que me relataba**.

Profundizando en su infancia, descubrí que Lourdes estaba acostumbrada desde pequeña a que su madre compensase con regalos y dinero el tiempo que no podía pasar con ella, incluso como una manera de pedirle perdón cuando la dejaba a comer en el comedor de la escuela para tener el rato del almuerzo para ella sola y estar tranquila durante ese momento de pausa en el trabajo.

Un día, hablando sobre su madre, me dijo: «Si no sabe cómo estar a mi lado, al menos que me pague la ropa». Yo validé esa rabia, y al cabo de un rato le pregunté directamente por el motivo. «Lourdes, ¿crees que tu enfado es por la ropa que ya no te podrá comprar?».

Rompió a llorar y me respondió: «Es que, si le pido que me llame por teléfono para ver cómo estoy, o que quiera pasar tiempo conmigo, sé que no me lo va a poder dar. Para ella comprarme cosas nunca ha sido difícil, es lo único que me ha dado y donde más he sentido que estaba presente y disponible para mí».

Lourdes era consciente de que las cosas materiales que le ofrecía su madre no la nutrían como nutren un abrazo, una palabra de apoyo y el consuelo que tanto necesitaba.

Lo que le dolía de verdad era seguir pidiendo ropa cuando en realidad necesitaba otra cosa: aceptar que eso que tanto deseaba no lo tenía y que tal vez nunca lo tendría. Lourdes, al inicio, desplazaba su demanda más desesperada hacia la ropa y, en el fondo, no sentía que le estuviera pidiendo nada desmedido a su madre pese al cambio de su situación económica. No sabía que no sabía estar de otra forma.

Estar enfadada implicaba saber que la relación seguía viva, y muchas veces, aunque duela, preferimos sentir rabia antes que la pérdida del vínculo. Cuando la situación cambió, Lourdes experimentó ambos duelos a la vez: el duelo por el cambio en su forma de vincularse y el duelo por la madre que nunca tuvo, y conectó con la ausencia como todavía no lo había hecho: la pérdida de lo material le recordó la pérdida de lo emocional. Lourdes sentía que, ahora sí, las posibilidades de tener la relación deseada se habían agotado: ya no recibiría nada.

Cuando nos enfrentamos a una pérdida relacional, la primera respuesta en el proceso de duelo es la negación: negar que algo es como es alimenta la esperanza de que lo que estamos viviendo no sea eso que tanto nos duele, sino algo diferente. De hecho, cuando mejor podemos ver cómo es la relación en realidad es cuando estamos en la posición de valorar si podemos hacer cambios que nos ayuden a mejorarla o ajustarla. Después de esta negación, empezamos a asumir las experiencias vividas y cómo es en la actualidad la relación, entonces llega una nueva fase esencial en todo duelo: la etapa de la depresión.

Cuando Lourdes atravesó ese duelo y se enfrentó a la dolorosa verdad, entendió la pérdida que había sufrido en el pasado y que no había procesado, al haber desplazado la conexión a lo material para así mantener el vínculo intacto. **Y ofrecer cosas materiales era uno de los lenguajes que conocía su madre para expresar su amor. Pero también usaba otros de los que Lourdes no era consciente.**

Su madre, además de colmarla de regalos materiales, estaba pendiente de si tenía que ir a recogerla o a llevarla a algún sitio;

estaba disponible cuando la llamaba, fuera la hora que fuera, para ir a recogerla después de una noche de fiesta o llevarla al aeropuerto cuando se iba de viaje. Aunque le parecía una nimiedad, incluso una forma de control cuando era adolescente, cuando atravesó la pérdida y la rabia, empezó a mirar esas acciones de su madre desde otro lugar. Entendió que había dado todas estas cosas por sentado cuando, al echar la vista atrás, sus amigas tenían una situación muy diferente en casa.

Según el escritor estadounidense Gary Chapman, autor de *Los cinco lenguajes del amor*, el amor toma muchas formas y existen diversas maneras en que, dentro del vínculo relacional, expresamos nuestro amor y cariño por otra persona:

1. **Actos de servicio:** cuando te llevan al aeropuerto, te preparan la comida que te gusta cuando vas de visita, recogen un paquete por ti…
2. **Palabras de afirmación:** cuando te dicen «me encanta tu jersey, es muy tú», te mandan un mensaje tipo «hoy el examen te saldrá genial, eres una campeona»…
3. **Contacto físico:** los abrazos, los besos, ponerte la mano en la rodilla para tranquilizarte, mirarte con atención cuando hablas…
4. **Regalos:** los pequeños o grandes detalles, como cuando, al ir a poner gasolina, te traen una chocolatina que saben que te gusta, recibir como regalo eso que dijiste hace un mes que te gustaba mucho y no te podías comprar.
5. **Tiempo de calidad:** cuando hacéis planes juntas y quedáis para tomar un café y hablar, compartís una actividad, planeáis hacer una receta juntas…

Imagina que eres una persona que valora mucho los detalles y te gustaría que tu madre, con la que tienes una relación relativamente cordial (como oigo en consulta, «ni la mejor ni la peor»), fuera una persona detallista, como tú lo eres con ella. Probablemente te cueste asumir y ver que no le da la misma importancia que tú a ese tipo de muestras de afecto y es posible que incluso pienses que, al no demostrarlo de la misma forma, no te quiere.

Soy una firme defensora de hablar sobre cuál es el lenguaje del amor que necesitamos para sentirnos vistas dentro del vínculo, como decirle a tu madre lo importante que son para ti los detalles y ver si es posible que haga el esfuerzo por incorporarlos en su manera de demostrar su afecto por ti. **Hacerlo supondrá para ti sentirte vista, escuchada, querida.**

Si te sientes reflejada en esto que te cuento, sé que te gustaría no tener que pedirlo y que saliera de ella; sé que eso habría puesto las cosas mucho más fáciles en vuestra relación y habría ayudado a que la conexión entre vosotras fuera distinta. Pero, como decía antes, lo pasado ya ha pasado.

Para avanzar es importante que puedas reconocer qué es lo que tú necesitas y poner esos ejemplos concretos de lo que a ti te gusta para ver si tu madre puede ajustar su lenguaje y darte lo que pides.

Es probable que, aunque lo digas, la relación no cambie, y debes aceptarlo. Sin embargo, compartir lo que buscas del vínculo puede ayudarte a reafirmar tu sentir y, por ende, te ayuda a reconocerte como alguien importante y merecedora de afecto y a ajustar la forma de recibirlo para sentirlo más. ¿Podemos pedir a alguien que cambie por nosotras? Claro que sí, podemos pedir. Pero no exigir.

Por ejemplo, si tú y yo tenemos una relación estrecha y segura, nos vemos con frecuencia y ambas tenemos interés en mantener el vínculo, te diré lo que me molesta o lo que necesito para ajustarnos la una a la otra y ver si el vínculo puede seguir funcionando de una manera sana para las dos. **Compartir nuestras expectativas, lo que buscamos, aunque a veces pueda resultar incómodo y nos empuje fuera de nuestra zona de confort, ayuda a cultivar el vínculo.**

Evidentemente, no todo es color de rosa. La primera vez que te pongas en el centro y te des esa importancia, reclamando tu espacio y tu merecimiento de seguridad, **te resultará incómodo**. No creas que, cuando hagas lo que siempre has querido hacer, siempre te sentirás bien. Todo lo contrario: desearías tener algún superpoder como el de los personajes de la serie *Crónicas vampíricas*, en la que seres fantásticos miran fijamente a una persona a los ojos y hacen que olvide lo que otros acaban de ver o de decir, o que olviden lo que acaba de ocurrir.

El miedo a encontrar lo que buscamos

Además, cuando has sentido que no se hacían cargo de ti en los momentos en que lo necesitabas, que en realidad estabas sola, que no atendían tus peticiones ni respondían en el mismo «idioma» que tú, que nadie se daba cuenta de lo que ocurría o que incluso era preferible compartir lo mínimo acerca de tus emociones y tu malestar, en el momento en que alguien te hace sentir vista, es normal que te asustes, que sientas miedo.

Esto es algo que me he encontrado con frecuencia en la consulta de terapia y que me ha ocurrido a mí misma, y es frustrante no entender lo que pasa y sentirse culpable por no reaccionar «correctamente» al recibir algo que durante tanto tiempo hemos deseado.

Durante un tiempo trabajé como psicóloga con población infantojuvenil. En esa época conocí a Aina, una chica de diecisiete años que estaba en un centro de menores. Su madre tenía problemas con las drogas, le habían quitado la custodia de Aina cuando era menor y nunca había ido a las visitas programadas. **Desde que Aina se había visto obligada a ir al centro de acogida con quince años, no había vuelto a ver a su madre**, aunque algunas veces se escapaba y, sobre todo ahora que iba a cumplir los dieciocho y ya no podía seguir en el centro de acogida, caminaba hasta su antiguo barrio para ver si veía a su madre trabajando en algún lugar o frecuentando los bares en los que en más de una ocasión, cuando solo era una niña, la había tenido que recoger.

Después de esa vivencia tan intensa y dolorosa, **Aina construyó una coraza para protegerse del mundo** y se convirtió en la «joven conflictiva» que ningún educador quería tener en su clase. Cuando me pasaron su historial, para ser honesta, tampoco tenía ganas de conocerla. (Me contaron que, en una ocasión, había amenazado a la directora del centro con un cuchillo, así que lo que realmente sentía era miedo).

Un día, mi coordinadora me dio un muy buen consejo: «Archiva esta información en un lugar cercano a ti, pero trata de conocerla y sacar tus propias conclusiones». Y así lo hice. Tomé las medidas necesarias para que algunas de mis partes internas estuvieran más tranquilas y luego me abrí a la experiencia desde la curiosidad, a ver qué tal iba y si conseguía ofrecerle consuelo.

En esa primera toma de contacto, no sentí que Aina me lo pusiera difícil, aunque tampoco fácil.

El acompañamiento y la terapia psicológica que recibía Aina se inscribía un programa subvencionado, basado en la importancia del contexto para favorecer la salud mental, por lo que, en algunas ocasiones, nuestra sesión tenía lugar en una cafetería, mientras dábamos una vuelta o hacíamos una actividad de ocio. Poco a poco, fuimos estableciendo un vínculo y llegó un momento en que conseguí mirarla con mis ojos, sin dejarme llevar por todo lo que había oído y leído sobre ella. Me di cuenta de lo difícil que había sido para ella llegar hasta donde estaba y, sobre todo, lidiar a diario con la pérdida de su madre, a pesar de las cargas, las carencias y las dificultades que atravesaba en el presente.

Aina estaba muy perdida. No sabía si terminar los estudios, si hacer una formación profesional, si meterse en el mundo laboral... Necesitaba una guía. Le resultaba muy difícil ver un camino, y tampoco se conocía a otros niveles más básicos, como qué le gustaba hacer en su tiempo libre.

Tuvimos que recurrir a crear una lista de tareas agradables para encontrar algo que a ella le apeteciera probar. En una de nuestras salidas/sesiones, mientras cruzábamos un paso de peatones, me di cuenta de que Aina ponía una cara cuando pasaba al lado de un grupo de jóvenes de su misma edad y otra cuando pasaba gente mayor por su lado. En esos momentos aparecía en ella algo que no había visto antes: una sonrisa. Y entonces lo tuve claro.

Le propuse buscar un voluntariado, trabajar durante algunas horas en una asociación de gente mayor. En estos proyectos a veces hay la posibilidad de compartir piso con alguna persona mayor que esté sola; así, pensé, Aina también obtendría un poco de esos cuidados maternos que tanto le faltaron.

Las sesiones con Aina ya tenían un propósito: habíamos determinado cuál sería su camino, a su ritmo, con sus tiempos y celebrando cada paso. El ultimo día que la vi, habíamos quedado en que yo iba a prepararle un listado con algunas de las asociaciones más cercanas de su residencia y, juntas, íbamos a llamar al sitio que escogiera para ofrecerse como voluntaria. Ese día llegó media hora tarde, nada habitual en ella, y le dije: «Bueno, no te preocupes, vamos a aprovechar que estás aquí y te enseño lo que he hecho, para que podamos descartar algunas opciones y ponernos en contacto con otras». Entonces me soltó: **«Marta, no voy a ir. No quiero hacerlo».**

Por aquel entonces yo no sabía todo lo que ahora sé sobre trauma, y no entendía ese cambio tan brusco y repentino en Aina. No comprendía la enorme magnitud de esa negación ni lo que había debajo.

Aina se había presentado para decirme que no iba a dar el siguiente paso en su camino para sanar y encontrar su lugar. Llevábamos preparando el terreno durante seis o siete meses, y yo no podía sentirme más desorientada. Lo comenté en mi grupo de supervisión, un espacio en el que explicas la intervención que estás llevando a cabo para que otros psicólogos, que no están implicados en el caso y desde un punto de vista más objetivo, puedan orientarte.

El supervisor de ese grupo tenía una perspectiva psicoanalítica y basada en el vínculo y me dijo: «Marta, no has hecho nada mal. De hecho, si esto ha pasado, es que ibais muy bien». Si yo ya me sentía perdida, te puedes imaginar cómo me sentí después de lo que me dijo.

Aina estaba tan acostumbrada al abandono que, al mostrarle preocupación y afecto, se asustó. Por primera vez fue consciente de que había alguien en su entorno a quien podía decepcionar, y eso la llevó al autosabotaje, a no querer hacer algo que le convenía, que deseaba o que en el fondo sabía que la haría sentirse mejor. Los riesgos, para ella, eran demasiado grandes: las cosas podían no salir bien y tenía miedo de que yo sintiera que no había valido la pena intentarlo. En su cabeza, suponía un abandono más. Aina prefirió no arriesgarse para no sentir el posible abandono de otra persona. Después de eso, no volví a verla.

Hay historias que terminan así. El relato de Aina nos muestra el impacto que tiene darse cuenta de que quien nos tenía que cuidar en la infancia nos abandonó, por el motivo que sea. La realidad es que perder un vínculo importante para nosotras duele y nos puede llevar a creer que no somos lo suficiente importantes para que alguien se quede a nuestro lado; o si alguien intenta permanecer a nuestro lado, a hacer todo lo posible por alejarlo, por si acaso.

Porque no queremos que la historia se repita y buscamos no sentir un dolor parecido al que una vez nos desgarró.

De esto han pasado ya ocho años, y puede que ese paso atrás de Aina fuera necesario y que le diera la perspectiva y las fuerzas necesarias para seguir adelante. Pero, sinceramente, también es posible que esto sea un deseo; una fantasía más que una realidad. El caso es que Aina, por primera vez, **vivió lo que tenía**

que haber vivido en su infancia: que había a su lado alguien que quería ayudarla.

Relacionarse desde la adulta, relacionarse desde la niña

La dinámica de relación que caracterizaba el vínculo de Aina con su madre recibe el nombre de **«parentalización»** o **«parentificación»**: un suceso que tiene lugar cuando progenitores e hijos intercambian sus roles. Aina no había sido una niña: había sido una madre para su propia madre, y eso había generado una herida enorme en el vínculo.

Esas personas que nos parecen más maduras de lo que corresponde a su edad, probablemente no hayan tenido demasiado tiempo de ser niñas y hayan tenido que cargar con situaciones o personas que eran demasiado para ellas y para su capacidad de gestionar. Muchas veces, cuando hablamos de este tipo de historias, decimos cosas como que ese tipo de experiencias nos hacen más fuertes y nos ofrecen un aprendizaje. Pero dime: ¿Crees que Aina quería hacerse más fuerte o pasar tiempo con su madre?

Lo cierto es que lo único que deseaba era que su madre la quisiera y estuviera a su lado para cuidarla y no tener que dejar el colegio para poder dedicarle más tiempo y evitar que consumiera drogas.

La historia de Aina, aunque quizá te pueda parecer extrema, es solo un ejemplo más de las muchas situaciones familiares que nos dejan huella al vivirlas, algunas de ellas más habituales de lo que nos gustaría reconocer: vivir con una madre que nos sobreprotege y nos hace sentir incapaces; vivir con una madre temerosa que nos transmite el peligro en situaciones en las que no hay riesgo; vivir con una madre que nos atemoriza y nos desprotege... **Todas estas historias, salvando las distancias y la individualidad, nos pueden sonar familiares en mayor o menor medida.**

> Tener que asumir el papel de la adulta en la relación madre-hija implica renunciar a la parte de nosotras que necesita: esa parte que necesita un abrazo, un te quiero, una disculpa, un estoy orgullosa de ti.
>
> No haber escuchado ninguna de estas palabras nos hace sentir muy incómodas cuando alguien se acerca a nosotras empleando un lenguaje de afecto al que, tristemente, no estamos acostumbradas.
>
> Si no nos hemos sentido vistas o, de hecho, nos hemos sentido casi invisibles, que alguien nos reconozca puede ser aterrador.

En consulta me he encontrado con muchas personas que se avergüenzan al reconocer qué sienten y necesitan, como si eso supusiera colocarse por debajo del resto; como si ser humanas fuera algo peligroso. Evidentemente, ser humanas nos pone en un lugar vulnerable, con la posibilidad de que nos dañen y la capacidad de dañar; de ser víctimas y, a veces, también de ser el verdugo.

Deja que te cuente una anécdota personal con mi madre que ilustra a la perfección esta vergüenza de la que te hablo y **lo**

importante que es relacionarnos con la figura materna desde nuestra adulta, pero también desde nuestra niña interior.

Hace unos años operaron a mi padre. Esperaba un órgano para trasplante. Estuvo ingresado una semana en el hospital, así que mi madre se quedó en mi casa, con mi marido y conmigo, para estar más cerca y yo me pedí algunos días en el trabajo para estar donde sabía que iba a estar más tranquila.

Un día, en el metro de camino al hospital, mi madre me cogió la mano. Si te soy sincera, la verdad es que no sé quién necesitaba a quién, pero al notar ese contacto pensé: «Madre mía, si alguien nos ve desde fuera, van a pensar que me pasa algo, que soy dependiente de ella y que tengo algún problema. Con lo mayor que soy y cogida de la mano de mi madre…».

Te podrá parecer una chorrada, pero fue una experiencia que me abrió los ojos muchísimo en consulta. Recuerdo que, durante una de mis sesiones de terapia, se lo mencioné de pasada a mi psicóloga mientras compartía mi preocupación por la operación y la recuperación de mi padre. Ella me dijo: «Marta, ¿qué hay de malo en demostraros afecto?». Aquello supuso un antes y un después para mí, tanto a nivel personal como profesional.

Racionalmente, nada, pero reflexioné y observé que en mi casa, a través de las rutinas y las dinámicas familiares establecidas, se habían transmitido mensajes como que el contacto era algo exclusivo de los días especiales; que no hace falta decir cosas bonitas, porque ya se saben; que los abrazos y los te quiero, si se dan o se dicen «en exceso», pierden su valor (supongo que a mis padres, como a tantos otros de su generación, les dijeron cuando eran pequeños que «mostrar demasiado afecto equivale a malcriar»). Y todo eso había calado tan hondo que acabé sintiendo que estaba haciendo algo mal cuando recibía cuidados o una muestra de afecto. **Menudo contraste, ¿verdad?**

Aunque, desde fuera, tal vez te parezca que mi historia y la de Aina son muy diferentes, lo cierto es que no lo son tanto en cuanto a sentimientos se refiere. Ambas sentimos que el amor que teníamos dentro de nosotras no encontraba la forma de salir y que no recibió la respuesta que necesitábamos.

Para sanar esas heridas debes saber qué faltas has tenido o tienes. ¿Alguna vez te has encontrado un moratón o una herida en el cuerpo sin ser consciente de cómo, dónde ni cuándo te lo has hecho?

Cuando no tenemos información de lo que necesitamos obtener de la relación con nuestra madre, tampoco podemos observar la evolución de esas carencias y ver qué necesidades están pendientes de satisfacer. Si no sabemos cuáles son las cosas que ocurren en el vínculo que nos hacen sentir poco vistas o rechazadas, nos será muy difícil saber qué pedir. **Si no tenemos un punto de partida ni de comparación es difícil saber cómo empezar a atender esa herida que un día se abrió y que parece que no está cerrada.** Están ahí y se abren cuando tu madre te pregunta cuándo irás a verla y a ti no te apetece, cuando evitas leer y responder su mensaje, cuando decides ir a verla y te preparas mentalmente para ello y, aun así, cuando ya te marchas, te sientes agotada…

La solución más real y difícil es que le des espacio a esto que sientes. Que sepas qué fue lo que te dolió y que te permitas atravesar lo que quedó pendiente; que dejes que te duela lo que tenga que doler. No puedo evitarte ni borrar esa herida, pero creo que mis palabras te ayudarán a saber cómo actuar y cuidarte cuando se abra. Las heridas nos dicen que han ocurrido cosas y que ese trozo de piel no volverá a estar como antes, pero verla nos permite curarla para que se convierta en cicatriz.

8

OJALÁ NO SEPAS DE QUÉ HABLO: SOBRE VÍNCULOS Y DINÁMICAS CON AUSENCIA DE BUEN TRATO

> Querida mamá:
> no entendía ni entiendo qué fue lo que hice para que me tratases así. Lo hice lo mejor que pude y, aun así, no fue suficiente para que nuestra historia tuviera el final que merecíamos.

Menudo título, ¿verdad? En las siguientes páginas voy a profundizar más en aquellas relaciones que en algún momento han sido difíciles y que quizá se han caracterizado por la presencia de dinámicas negligentes en el vínculo, como el abuso emocional en la infancia. Te aviso para que lo tengas en cuenta y, si lo necesitas, dejes la lectura de estas páginas para otro momento. **Si sigues leyendo, solo deseo que ojalá no sepas de lo que hablo.**

Cuando nos hacen daño, aunque no tengan la intención de

herirnos, nos duele del mismo modo y terminamos cargando con las mismas heridas. Sin embargo, la clave, como siempre, está en el acompañamiento: para lidiar con ese malestar de una manera sana y más amable será necesario que la persona que nos ha herido reconozca nuestro dolor. Si esto lo trasladamos al dolor físico, lo podremos entender mejor.

Imagínate que vas camino al trabajo en un tren a rebosar y alguien te da un pisotón. Aunque haya sido sin querer y te pida perdón, te seguirá doliendo, pero tu reacción a ese dolor probablemente nacerá desde un lugar diferente a lo que sentirías si la persona que te lo ha provocado se muestra indiferente.

Cuando el daño no es reconocido, avanzar hacia la reparación de esa herida se hace más difícil.

Aquí hablaremos de manera progresiva de **situaciones que a menudo se dan en una relación madre-hija disfuncional.** Primero, conviene establecer una diferencia primordial: no es lo mismo que una madre muestre cierta inmadurez emocional y falta de conocimiento en educación emocional y que por eso en ocasiones no haya tratado bien a su hija, a que en la relación madre-hija se haya dado de manera repetida un trato abusivo.

El abuso emocional remite a una situación en la que, aunque no existe el contacto físico (que suele ser lo más visible), existen comportamientos nocivos que buscan controlar, asustar o aislar. Sé que usar una palabra como «abuso» impresiona, pero, tal como dice la psicóloga y escritora Beatriz Cazurro en su libro *Los hijos que fuimos, los padres que somos*, «todo lo que no sea buen trato es mal trato».

El abuso emocional es un tipo de maltrato como lo son el físico, el psicológico, el sexual, el *bullying* o acoso escolar, el *mob-*

bing o acoso laboral, el digital o *cyberbulling*, el institucional o el económico.

Entendemos por trato abusivo todos aquellos comportamientos que el victimario utiliza en su beneficio y a costa del otro, como, por ejemplo, aprovecharse de su fuerza física, de su edad, de su poder, de la existencia de un vínculo afectivo, de emociones como el miedo o el temor, todo ello para sentirse superior a la víctima. Estos comportamientos pueden ser deliberados o no intencionales y pueden incluir tanto actos de comisión (abuso) como de omisión (negligencia).

Recibir un trato abusivo en la infancia introduce una distorsión en las relaciones emocionales básicas, en los cimientos de la construcción de la personalidad y de las relaciones interpersonales (Trickett, McBride-Chang, 1995).

La Organización Mundial de la Salud define el maltrato infantil como «cualquier forma de abuso o desatención que afecte a un menor de dieciocho años, y abarca todo tipo de maltrato físico o afectivo, abuso sexual, desatención, negligencia y explotación comercial o de otra índole que vaya o pueda ir en perjuicio de la salud, el desarrollo o la dignidad del menor o poner en peligro su supervivencia en el contexto de una relación de responsabilidad, confianza o poder».

Estudiar el maltrato infantil y su repercusión es complejo, pues según el país hay factores que pueden alterar la realidad, como la definición de maltrato infantil utilizada dado el estilo de crianza aceptado culturalmente. Así, por ejemplo, un número cada vez mayor de la población española es consciente de lo que es el maltrato físico y lo que representa, pero en otros lugares del mundo es algo todavía normalizado, incluso descrito como «educación».

Con todo, de los estudios internacionales se desprende que, en promedio, tres de cada cuatro niños de entre dos y cuatro años sufren con regularidad castigos corporales o violencia psicológica por parte de sus padres o cuidadores, y que una de cada cinco mujeres declara haber sufrido abusos sexuales en la infancia.

El maltrato infantil tiene graves consecuencias físicas y psicológicas a corto y a largo plazo. Es causa de estrés, se asocia a su vez con alteraciones del desarrollo temprano del cerebro y, en condiciones de estrés extremo, el desarrollo tanto del sistema nervioso como del sistema inmunológico puede verse perjudicado, por lo que un adulto que haya sufrido maltrato en la infancia presenta mayor riesgo de sufrir problemas físicos y psicológicos o de comportamiento, tales como:

- Actos de violencia (como autor o como víctima)
- Depresión y ansiedad
- Tabaquismo y alcoholismo; consumo nocivo de drogas
- Problemas con la conducta alimentaria
- Comportamientos sexuales de alto riesgo
- Embarazos no deseados

Algunas personas adultas todavía sienten temor de hablar de lo que les ocurrió porque piensan que nadie les creerá o reconocerá el impacto de su experiencia; otras veces no se dan cuenta de que el trato del que han sido o son objeto es un comportamiento abusivo y, por eso algunas de ellas no piden ayuda o repiten este modelo inconscientemente.

Todas las cargas emocionales que llevamos en el presente responden a experiencias traumáticas que hemos vivido con anterioridad.

Los aprendizajes de las primeras relaciones sientan las bases de las siguientes, y aunque eso no nos condicione siempre, nos influye desde bien pequeños y nos impide conocer realmente cómo son las relaciones seguras, funcionales y adaptativas.

Un dolor indescriptible: cuando la madre es el verdugo

Una **dinámica abusiva en el vínculo materno** puede tomar diferentes formas:

- Tu madre te compara constantemente con otras iguales de la familia, como hermanas, primas, etcétera: «Cariño, tú sabes que yo te quiero mucho, pero tu prima María es más lista que tú y va a poder hacer todo lo que quiera en la vida. Deberías aprender de ella. Te iría mucho mejor».
- Cuando expresas ideas o emociones, no recibes su aprobación, te juzga o ridiculiza: «Ay madre mía, eres muy tonta si piensas eso, cómo se nota que no me escuchas y no haces lo que yo te digo».
- Utiliza adjetivos con connotaciones negativas como «inútil, intensa, vaga, mala» o descripciones que siguen esa línea: «Uf, hija, qué intensa eres, ¿no crees que exageras siempre y no es para tanto?».
- Cuando sientes que no le gusta como eres, te lo comparte directa o indirectamente: «Yo de ti, me haría algo en el pelo, se te está cayendo mucho y se te ve horrible».

- Te regaña con rudeza por cosas que tú consideras insignificantes: «¡Joder!, ¿por qué dejas el vaso en el borde de la mesa? ¡Puedes armar un desastre!».
- Sientes que nunca es suficiente, hagas lo que hagas: «Está bien, ¿eh?, pero yo lo hubiera hecho diferente; la próxima vez podrías esforzarte más».

Si en una ocasión has oído una afirmación parecida a estas que recojo aquí, debes saber que **no estás sola**. Aunque sé que es duro reconocer un abuso emocional, me gustaría tranquilizarte: este tipo de comportamientos los hemos considerado «normales» durante mucho tiempo. El problema se produce cuando son la tendencia del vínculo, se repiten día tras día y no observamos arrepentimiento o intención de reparación.

Esta taxonomía se basa en la escala Early-FN, una herramienta que empleo con frecuencia en consulta para evaluar las experiencias tempranas adversas. Aquí, las subescalas recogidas (que reúnen aspectos relativos al trauma) han sido adaptadas para que podamos reflexionar juntas sobre la dinámica en la relación materna.

Hay heridas que nacen de los cambios entre generaciones y la falta de información, pero otras tienen que ver con los rasgos o el perfil de la personalidad de quien nos cuida.

Quizá en nuestra casa no hemos recibido nunca unas disculpas explícitas, pero hemos visto que, de forma disfuncional y con pocas habilidades para la reparación, se hacía una broma para volver a la normalidad cuanto antes (una forma muy torpe y nada empática de buscar reparar el vínculo), **pero hay casos en los que ni siquiera se dan esos intentos de recuperar el vínculo habitual.**

En busca del afecto deseado: la mentira de que debemos ganarnos el amor

Además del abuso emocional, otras situaciones relacionadas con el trauma relacional temprano que se recogen en la escala Early-FN son la alta exigencia, la inversión de roles, ser testigo de problemas en el hogar, el maltrato físico, la sobreprotección y el abandono emocional. Todos ellos describen situaciones adversas de la infancia que nos han dejado huella. Algunas de estas situaciones son más «visibles» que otras, como el maltrato físico, pero todas ellas responden a una disfuncionalidad, a un contexto en el que las condiciones afectivas no son las adecuadas para sentir seguridad y felicidad.

Antes de seguir leyendo, respira profundamente durante un par de minutos. Busca un espacio de paz e intenta responder con sinceridad a la siguiente pregunta. ¿Detectas alguno de estos pensamientos en ti hoy?

Alta exigencia: «Me da miedo que no me quieran si no lo hago todo bien».
Inversión de roles: «Me da miedo que sepan que necesito algo, debo mostrarme fuerte».
Problemas en casa: «Me da miedo la tranquilidad, me cuesta parar, no conozco la calma».
Sobreprotección: «Me da miedo hacer algo y equivocarme, siento pánico y veo peligro en cualquier parte».

Abandono emocional: «Me da miedo que no haya nadie ni nada, estar sola, sentir vacío».

Cuando tu vida se inicia en un contexto carente de la seguridad necesaria para un correcto desarrollo y bienestar emocional, **puedes sentir que el amor, el afecto y los cuidados no son incondicionales y que tienes que hacer algo, demostrar que lo mereces, para conseguirlo y sentirte bien**.

Esto le ocurría a Lidia, de treinta años, quien llegó a mi consulta porque había roto recientemente con su pareja y, después de la ruptura, se había dado cuenta de que algo no iba bien en sus relaciones. Siempre había sentido que era muy madura para su edad (este era un mensaje que había recibido con frecuencia de diversas personas de su entorno), y aunque buscaba a hombres mayores que ella para compensar esta situación, emocionalmente nunca encontraba en la otra persona la madurez que buscaba.

De pequeña había sido testigo de problemas y de violencia en el hogar, y su abuelo se había convertido en una de sus figuras de apego cuando su padre las abandonó. Era un hombre con un carácter tosco y duro. Lidia me contó que, cuando se enfadaba, tiraba objetos, cerraba puertas con fuerza o decía palabrotas, y eso había dificultado en buena parte su relación con ella misma y sus emociones, y también con el resto. Le era difícil detectar qué comportamientos eran propios de un buen trato y cuáles no.

A priori, su problema parecía originarse en el abandono de su padre y, aunque en parte así era, porque esta ausencia y todo lo que había venido después había tenido un gran impacto en su forma de relacionarse, cuando en las sesiones hablamos sobre su familia, en concreto sobre su madre, entendí mejor la búsqueda de madurez en sus parejas. Lidia me contó que, desde que se había independizado, de vez en cuando iba a cenar con su madre y se había dado cuenta de que se adaptaba a sus gustos para que estuviera contenta, siendo ella como hija quien cubría las necesidades de la madre.

A medida que crecemos, es normal que desarrollemos recursos con los que en cierta forma cubrimos las necesidades de nuestra madre, por ejemplo, cuando le decimos algo sobre su comportamiento con nosotras sin querer herirla igual que deseamos que ella haga lo mismo con nosotras. Sin embargo, en el caso de Lidia ese cuidado no era mutuo y existía cierta unilateralidad.

Por ejemplo, Lidia disfrutaba de ir a cenar con frecuencia un simple bocadillo en el bar de su pueblo, pero sabía que, para su madre, eran muy importantes las apariencias, así que, cuando tenía un día libre, Lidia la llevaba a cenar al mejor restaurante de la ciudad. Durante la cena Lidia tenía que oír cómo su madre despreciaba y criticaba sus gustos y le decía cosas como: «Menos mal que me tienes a mí para venir a estos restaurantes, sino tú siempre irías al tugurio ese cutre que tanto te gusta».

Lo que Lidia hacía en días como esos era preparar el terreno para ver si así su madre era capaz de ofrecerle la conexión emocional que ella tanto ansiaba, aunque lo que ella podía darle era solo una conexión superficial: sus cenas estaban cargadas de intentos de acercamiento por parte de Lidia y de retiradas por parte de su madre.

Esto que te cuento es habitual. Es **el juego del gato y el**

ratón: no aceptamos que nuestra madre es la que es y buscamos que nos ofrezca y nos dé lo que no nos puede dar. Al no poder ofrecerlo, ella se aleja y nosotras, como hijas, nos mostramos más insistentes para encontrar la forma de que esas necesidades se cubran de una vez.

Si esto te resuena, no quiero que sientas que te echo la culpa, que esto te pasa por no poder aceptar la realidad. Al contrario.

Pienso en lo injusto que debió de ser para tu niña tener que «ganarse» el vínculo y cuán doloroso debe de ser tener que seguir intentándolo y que tu madre solo vea la parte de ti que tú le muestras para que esa conexión siga viva.

En un intento desesperado de obtener lo que le faltó, Lidia le daba a su madre lo que quería que ella le diera, hacía de espejo para ver si esta le preguntaba: «¿Cómo estás? ¿Cómo te ha ido la semana? ¿Y aquella presentación de trabajo que me dijiste que tenías?». Lidia estaba esperando constantemente que, cuando su madre terminase de responderle, le llegase su turno de poder explicar su día y que su madre pudiera hacer por ella lo que ella hacía por su madre. **En su relación había una clara inversión de roles.**

El trabajo en terapia con Lidia se centró en colocarse frente a su madre de la manera más auténtica que pudiera y en que **ese acto de presencia, de mostrarse tal y como era, no la hiciera sentirse en riesgo**. Fuimos paso a paso; el objetivo era dejar de hacer esos intentos por recibir algo que nunca conseguía y que la dejaban en un estado de profunda soledad y tristeza cada vez que ocurría. Nuestra principal tarea fue incluir en su narrativa algo de su «esencia», buscarse a ella misma y no tanto la mirada de su madre.

Poco a poco descubrimos que Lidia solía comunicarse con su madre buscando la conexión desde la queja y la rabia. Mostraba gestos y actitudes muy duras e intransigentes, como su madre le había enseñado. Lidia sabía que eso era lo que más valoraba esta de ella, pero también necesitaba hablar desde la vulnerabilidad, una vulnerabilidad que mantenía oculta a los demás, e incluso a sí misma.

Desde pequeña, cuando Lidia se mostraba fuerte, su madre verbalizaba lo orgullosa que estaba de ella. En cambio, en las escasas ocasiones en las que hablaba de su angustia, resoplaba y le decía que «era muy intensa y que tenía que cambiar eso ya».

Como no sabíamos si la conexión emocional con su madre era posible, tratamos de hacer algunos cambios en su manera de relacionarse y ver si lo que se obtenía del vínculo era diferente. Cuando hacemos cambios y no surten ningún efecto, se nos presenta delante otro gran trabajo: **el duelo de aceptar la realidad**. Sin embargo, Lidia nunca había ido a terapia, y era la primera vez que miraba la relación con su madre con ojos de adulta, viendo las dinámicas que la caracterizaban, así que nos dimos la oportunidad de curiosear sobre si el cambio era realmente posible o no.

En ocasiones la búsqueda que supone tener la madre deseada hace que perdamos oportunidades concretas de conectar con la madre real.

Lidia, por ejemplo, soñaba con hacer un viaje de diez días, vivir una aventura madre e hija juntas, recorriendo algunas ciudades de Europa. Le había hecho la propuesta a su madre en alguna ocasión, pero esta no tenía el mismo interés y le respondía «bueno», «quizá», «ya veremos»; le daba miedo viajar en avión y no le gustaba demasiado la idea de pasar mucho tiempo fuera de casa o de probar platos de comida locales... Cuando recibía este rechazo, Lidia dejaba el tema durante unos meses hasta que, por lo que fuera, algo la llevaba a insistir, sin plantearse que, aunque quizá ese viaje con el que ella soñaba no era posible, sí lo era una escapada de fin de semana cerca de casa; una oportunidad para reconectar con su madre.

Gracias a la exploración en consulta, entendimos que Lidia tenía miedo de hacer algún cambio en la dinámica por si eso generaba una ruptura no solo de la conexión, sino del vínculo, además de echar por tierra los esfuerzos que llevaba toda la vida haciendo; pero **no era una cuestión de «todo o nada»**: podíamos intentar un cambio sin tanto esfuerzo, mostrándose más como ella era, comunicando desde la vulnerabilidad y menos como creía que su madre quería que fuese (sin dudas ni necesidades). Analizando la reacción de su madre a estos ajustes en su forma de vincularse podríamos ver qué tipo de relación era posible que tuvieran.

Cuando Lidia dejó de buscar esa conexión y aceptó la que podía establecer, se dio cuenta de lo agotador que era para ella intentarlo cada vez que se veían. Además, notó que, al distanciarse emocionalmente de su madre, experimentó una mejora en el descanso, en la digestión y en sus relaciones.

No había sido consciente de la tensión que en muchas ocasiones soportaba debido a los comentarios y juicios, a los rechazos y las exigencias de su madre hasta que empezamos a trabajar juntas y empezó a escuchar sus emociones y su cuerpo.

Le pedí a Lidia como tarea que se hiciera una serie de preguntas para explorar estas sensaciones. Ahora me gustaría que lo hicieras tú también.

¿Puedes fijarte en qué temas sacas en la conversación por tu necesidad o queriendo cubrir la suya?

¿Cuándo sientes que estáis en conexión? ¿De qué estáis hablando, que está pasando, qué estáis haciendo en esos momentos?

¿Crees que le puedes contar algo cotidiano sin que ella te pregunte? ¿Cómo crees que te sentirías al hacerlo?

¿Qué crees que puedes hacer para reducir el miedo o la tensión que te genera el contacto?

¿Qué búsqueda de conexión puedes dejar de probar o no hacer para ver qué ocurre?

A pesar del miedo de Lidia, el cambio en el vínculo con su madre fue posible. Aunque no se fueron de viaje diez días, como deseaba, sí pudo dejar de sentir la frustración que caracterizaba las interacciones con su madre: al final, pudo aceptar la relación real y tomó conciencia de que siempre había intentado salvar y conseguir un vínculo deseado que no llegaba nunca; entendió que, si eso no ocurría, nada tenía que ver con ella o con lo que no estaba haciendo para ganarse el amor de su madre.

Te dejo aquí algunos hilos de los que tirar para averiguar qué es lo que tu madre acepta de ti y qué haces para no perder la conexión. Fíjate si cuando estás con ella tratas de que se dé cuenta de y valore:

- Tu sentido del humor para hacerla reír
- Tu voluntad de ayudar a los demás
- El éxito académico o laboral
- Tu perseverancia en los momentos de adversidad
- Tu entereza en los momentos difíciles
- Tu capacidad para enfadarte y poner límites
- Tu aspecto físico

Y, en contraposición, te invito a pensar también en qué aspectos, cualidades o valores están presentes en ti y han podido ser motivo de rechazo.

Experiencias adversas en la infancia: estresores importantes que desvirtúan el vínculo

Otras situaciones que pueden generar dinámicas abusivas o disfuncionales, como veíamos al inicio de este capítulo, tienen que ver con las experiencias adversas en la infancia, esto es, los sucesos estresantes que ocurren en la vida de un niño o adolescente y que pueden tener efectos negativos y duraderos en su bienestar. Según la Robert Wood Johnson Foundation, la principal organización filantrópica de Estados Unidos que trabaja para hacer frente a los problemas más urgentes relacionados con la salud, estas situaciones pueden clasificarse en tres ámbitos:

- Maltrato: físico, emocional y sexual
- Descuido: físico y emocional

- Inestabilidad familiar: trastorno mental, pariente encarcelado, madre víctima de violencia, abuso de sustancias, divorcio

Otras experiencias adversas a las que se puede ver expuesta una persona en la etapa infantil incluyen la violencia en la comunidad, el acoso en la escuela y la pobreza, situaciones que también pueden ocasionar problemas de salud y afectar a los vínculos si la persona no cuenta con el apoyo adecuado.

La negligencia y el maltrato son resultado de una compleja combinación de factores individuales, familiares y sociales. Aun así, aquí nos centraremos en el ámbito familiar para visibilizar aquellas realidades y experiencias que ocurren, por desgracia, en muchas relaciones materno-filiales.

Por experiencia propia, y tras años acompañando diversos procesos de heridas maternas, diría que muchas de nosotras, con tal de quitarnos la condición de víctimas de abuso o negligencia emocional (algo que es muy duro de reconocer), nos perseguimos a nosotras mismas y nos decimos cosas como: «Al menos a mí no me hacían X», «Conozco a alguien que tuvo una infancia más infeliz» o «La madre de Y hacía cosas peores que la mía».

No es sano comparar tus experiencias emocionales y físicas con las de otras personas: si algo te ha dolido, te ha dolido. Toda experiencia tiene sus repercusiones, y de nada sirve confrontarla con la de otra persona. Reconócete a ti y a tus emociones. Ese es el primer paso para sanar.

En este tipo de experiencias encontramos las asociadas al **trauma temprano preverbal**: todas aquellas rupturas emocionales que se han producido antes de que la criatura tenga habilidades lingüísticas y pueda emplearlas para comunicarse. Estas experiencias abarcan desde lo que el bebé experimentó mientras estaba en el útero materno hasta aproximadamente un año o año y medio de vida.

Esas experiencias quedan grabadas en la memoria implícita y son particularmente desagradables para quienes las han vivido. En muchos casos, las personas con una herida de trauma temprano preverbal sienten un malestar profundo, pero son incapaces de explicar por qué se sienten como se sienten. **Solo saben que una sensación dolorosa les inunda el cuerpo.**

En consulta, me he encontrado con personas que me dicen frases como las siguientes:

Cada vez que estoy cerca de mi madre, siento que me ha pasado un camión por encima y no lo entiendo.

No sé por qué, pero no me apetece ir a verla o que venga y esté demasiado rato conmigo.

Hay algo en ella que no sé describir, pero me genera mucha incomodidad estar a su lado.

Este tipo de sensaciones o emociones pueden ser una muestra de aquellas situaciones que todavía no hemos traído al presente y a las que no hemos dado forma con palabras, algo necesario para que podamos integrar mejor la experiencia y la relación en la actualidad.

Quizá nunca sepas con exactitud cómo se desarrolló el vínculo en tus primeros años de vida. Para explorar qué hay detrás de una herida, muchas veces es más importante tener ciertas nociones y sensaciones que la información exacta. Gracias a la integración de esos elementos en nuestro relato podremos crear una base o mapa a partir del cual narrar nuestra historia.

O quizá te ocurra como a Gloria, una persona de mi entorno que conocía claramente cuáles habían sido las experiencias que más la habían marcado en su infancia. Su historia, tristemente dura, **es un ejemplo del impacto de las experiencias adversas en el vínculo durante la infancia**.

Cuando conocí, hace ya unos diez años, a Gloria, vi en ella una persona buena, generosa, detallista, atenta. Para mí es el ejemplo de lo que significa ser un refugio seguro para los demás; una persona que, cuando estamos hablando y me disperso o alguien me interrumpe y pierdo el hilo de la conversación, ella lo retoma y dice: «Sigue… ¿Qué decías?». Es alguien que te hace sentir tremendamente vista, algo que todos necesitamos.

A medida que empezamos a compartir cada vez más momentos juntas, nuestras conversaciones se fueron tornando más íntimas y, un día, no recuerdo de qué hablábamos exactamente, salió en la conversación el tema de las fiestas de Navidad: cuáles serían nuestros planes y con quién pasaríamos esas fechas tan especiales. Entonces, Gloria me dijo: «Bueno, yo es que no tengo contacto con mi madre».

Este tipo de días especiales, fechas y festivos destinados a celebrar o que tienen una intención concreta, que tradicionalmente guardan una gran relación con la familia, es cuando esta herida más se abre: el Día de la Madre, los cumpleaños, las actuaciones de final de curso, las Navidades, entre otros.

La herida se abre cuando entras en contacto con tus emociones y comprendes lo que no tienes y, en consecuencia, no sientes. Son momentos en que te viene a la cabeza esa imagen idílica con la que comparas tu realidad, llena de abrazos, sonrisas y besos, y sientes que **todo el mundo tiene una buena relación que le permite compartir y querer pasar tiempo con su madre**. **Todos menos tú.** También es probable que consideres que no tienes una mala relación, pero que, al compararte con esa imagen de catálogo, sientas que tu vínculo materno podría ser mejor. En esos casos, si vemos una escena que refleje lo que nos gustaría tener y no tenemos, eso nos remueve y no sabemos por qué: nuestra herida materna escuece.

En el caso de Gloria, la pérdida se debía a un suceso sumamente estresante y traumático vivido en su infancia: su madre tenía un problema de salud mental que nunca le habían diagnosticado y, con los años, se había agravado tanto que un día estar a su lado fue peligroso. Ella, que solo era una adolescente cuando esto sucedió, entendió que debía protegerse. Mientras escribo estas líneas no puedo evitar emocionarme: sé que lo que ocurrió no es para nada lo que ella habría querido, pero, gracias a que tomó esa distancia, pudo cuidarse y avanzar.

La infancia de Gloria fue la de una niña que tenía a su madre y a su padre juntos en casa y que vivía tranquila con los dos. Era una niña deseada que se había sentido bien recibida y atendida desde su llegada. No había en ella signos de un trauma preverbal. Sin embargo, al llegar la adolescencia, todo cambió: su madre dejó de ser la persona que ella conocía. Ahora, al referirse a ella en el presente, la describe como una persona mentirosa, impredecible y peligrosa.

Además, me contó que la relación que su madre tenía con su familia de origen era escasa o nula: cuando su madre acudía a sus parientes de sangre era porque se había metido en algún problema o porque los causaba y recurría a ellos para pedir dinero. Esta dinámica había provocado que gran parte de la familia la quisiera lejos. Solo algunas personas podían enfrentar y poner límites a la madre de Gloria: pocos eran capaces de afrontar esa esa confrontación tan incómoda y dolorosa, incluso a veces peligrosa por las posibles consecuencias.

Este tipo de comportamientos alcanzó un máximo cuando, para conseguir dinero con el que hacer frente a sus problemas, y con el fin de conseguir una indemnización, la madre de Gloria pidió el divorcio, acusando al padre de abusar sexualmente de su hija, algo que posteriormente se demostró en juicio que era falso.

Hablar de esto me remueve muchísimo: siento que se me retuerce el estómago al pensar en Gloria y en su madre. Como mujer e hija, creo que cuando nos cuentan una historia en la que las que causan el daño son las mujeres, y en concreto una madre, nos cuesta aceptar la realidad. La sociedad nos habla de madres cuidadoras, dulces y benevolentes, una imagen perpetuada por el patriarcado durante siglos. Sin embargo, la realidad es que hay madres que no saben o que no son capaces de amar.

Desde ese momento, Gloria rompió todo contacto con su madre y se fue a vivir con su padre.

Pocos años después, Gloria se la encontró por la calle. Su madre empezó a gritarle y a insultarla. Para ella, era «una mala hija». Te puedes imaginar lo que sintió Gloria en ese momento; sin embargo, a pesar de sus emociones contradictorias y de lo convulso que fue ese día, ese hecho fue una confirmación necesaria de que tomar distancia fue lo mejor que pudo hacer.

Algunos familiares de la madre de Gloria todavía mantienen el contacto de manera puntual cuando es ella quien da señales, así que, en cierta manera, Gloria todavía no está tranquila del todo: aunque no mantiene ningún contacto directo con ella, a través de otras personas, su madre todavía tiene una cierta presencia en su vida.

Han pasado muchos años, hora tiene treinta y un años, pero aunque a veces le gustaría cambiar la foto de perfil de WhatsApp no lo hace por miedo a que su madre llegue a ella y sea capaz de reconocerla por la calle; no le gusta demasiado invitar gente a casa y prefiere desplazarse ella; cuando se casó, aunque le apetecía hacer una celebración a lo grande, finalmente decidió organizarlo en secreto para evitar que su madre se enterara y acabara presentándose.

Muchas veces atribuimos a la hija la responsabilidad de que la relación funcione cuando es algo que requiere del compromiso y del esfuerzo de las dos partes. Le pedimos a la hija que perdone a la madre por su falta de afecto o sus comportamientos dañinos, tildándola, si no lo hace, de ser una «mala hija», pero, al hacerlo, no estamos pensando en casos tan dolorosos como el de Gloria.

Evidentemente, no quiero decir que solo un problema de salud mental o una situación extrema como la de Gloria justifique la ruptura del vínculo. Sé que cuando una persona toma una decisión tan dura como romper la comunicación es porque no puede sostener más la desprotección e inseguridad. **Es una decisión que no se toma de un día para otro.** Gloria no decidió ir en contra de su madre, sino a favor de ella. Decir adiós se convierte en la manera que has encontrado de protegerte.

Inmadurez emocional, narcisismo o trastorno límite: comportamientos y daños

Si eres o conoces a una persona con alguno de estos diagnósticos, antes de seguir leyendo quiero que sepas que en este capítulo recojo un cuadro sintomatológico. Muchas de estas etiquetas están relacionadas con el trauma relacional y, al incluirlas aquí, no quiero patologizarte, sino arrojar luz entre tanto silencio y tabú que se nos ha impuesto en todo lo referente a la relación con nuestra madre.

Trabajo el proceso terapéutico en consulta desde un enfoque integrador, basándome en el modelo de los sistemas de la familia interna, que describe los comportamientos de una persona hablando de las partes que conforman su personalidad. Este enfoque hace que no intervenga desde los diagnósticos como tales y tampoco confirme el cuadro de síntomas, pero entiendo que algunas de las personas que han llegado a este libro tal vez necesitan algunas pinceladas para dar sentido a su experiencia y así empezar a sanar.

Por supuesto, creo que identificar a nuestra madre con una sintomatología determinada que explique su comportamiento puede darnos esa claridad necesaria para entender. Desde otras perspectivas terapéuticas, los comportamientos se caracterizan por una serie de síntomas que pueden recogerse en un diagnóstico que le dé sentido a tu experiencia. Si sientes que, para reconocer aquello que has vivido, comprender mejor a tu madre y obtener la confirmación de que no había nada malo en ti, necesitas recurrir a estas herramientas, no pasa nada. Está bien así.

Cuando hablamos de la presencia de dinámicas relacionales disfuncionales como la que la madre de Gloria había establecido en su relación madre-hija, a veces puede haber detrás un **trastorno límite de la personalidad** o un **trastorno de personalidad narcisista**, condiciones que en los últimos años, han adquirido una gran popularidad y están muy presentes en conversaciones sobre psicología en los medios y en las redes sociales, pero que, en mi opinión, muchas veces se asignan sin argumentos de peso. Estamos hablando de diagnósticos clínicos que requieren de una intervención profesional.

Sin embargo, una clasificación que no habla de diagnóstico y creo que sí puede ayudarnos a recolocar nuestro sentir cuando empezamos a preguntarnos qué le ocurre a nuestra madre y por qué se comporta de una manera determinada (en lugar de decir «¿Qué puedo hacer para que deje de tratarme como lo hace?») es la de **«inmadurez emocional»**.

Me encontré con este concepto por primera vez hace un par de años, durante la lectura de *Hijos de padres emocionalmente inmaduros*, de Lindsay C. Gibson, psicóloga clínica estadounidense que describía a estos progenitores como personas con falta de empatía, falta de introspección, impulsividad y falta de tolerancia.

A las personas emocionalmente inmaduras les cuesta aceptar un pensamiento, opinión o punto de vista distinto a los suyos y tratan de convencer a quien tienen delante para que exista un pensamiento único. Debido a la falta de flexibilidad y el exceso de rigidez en su forma de pensar, en muchas ocasiones esto imposibilita el debate del desacuerdo de opiniones sin explosiones de ira ni humillaciones.

Y fue en su segundo libro, *Padres y madres emocionalmente inmaduros: cómo sanar y superar las secuelas*, en el que Gibson profundizó en cómo esa falta de empatía, introspección e intolerancia e impulsividad nos hace sentir.

- Estando con ellos, te sientes emocionalmente sola.
- La interacción resulta frustrante porque solo importan ellos.
- Te sientes coaccionada y atrapada.
- Ellos son lo primero, lo tuyo es secundario.
- Evitan intimar emocionalmente contigo y mostrarte su vulnerabilidad.
- Esperan que sepas lo que quieren sin comunicarse contigo («Si me quisieras de verdad, lo habrías sabido»).
- No respetan tus límites ni tu individualidad.
- El trabajo emocional en la relación lo haces tú.
- Pierdes tu autonomía y la libertad mental.
- Pueden ser unos aguafiestas e incluso hirientes a través de bromas y chistes que provocan sufrimiento.

EJERCICIO

Teniendo en cuenta esta descripción, llega el momento de hacer una pausa para reflexionar. Antes de continuar, tómate unos minutos para respirar profundamente. Después, cuando te sientas lista, responde a las siguientes preguntas:

- ¿Sientes que tu madre no es o no era una persona sensible a tus sentimientos? ¿Por qué?

  ....

  ....

  ....

  ....

- ¿Dirías que su estado de ánimo cambia o cambiaba toda la dinámica relacional de tu entorno y que eso afecta o afectaba al clima familiar? Si es así, ¿de qué manera?

  ....

  ....

  ....

  ....

- ¿Dirías que tu madre busca o buscaba hacerte saber cómo se siente o qué quiere, o cómo se sentía y lo que quería, sin comunicártelo? ¿Cómo te hace o te hacía sentir eso?

  ....

  ....

  ....

• ¿Cómo se toma o se tomaba una opinión tuya diferente a la suya?

....

....

....

....

....

....

Después de responder estas preguntas, ¿cómo te sientes? ¿Qué emoción dirías que describe tu estado actual?

....

....

....

....

....

....

Dicho esto, la inmadurez emocional está presente en muchas personas: muchas de nosotras no hemos vivido o crecido en un ambiente lo bastante seguro como para sentir que nuestras emociones son validadas, algo que puede quedar relegado hasta el inicio de la terapia. Este proceso de autoconocimiento es un camino alternativo a esa madurez emocional que debería habernos enseñado nuestro entorno y nos ofrece la capacidad de hacernos cargo y relacionarnos con los demás de una forma sana.

Antes de profundizar en el trastorno de personalidad narcisista, me gustaría hablarte del narcisismo. Como probablemente sepas, este comportamiento recibe su nombre del mito de Narciso, un personaje de la mitología griega que sufrió una muerte trágica: un día, mientras miraba su reflejo en el agua, se enamoró de tal manera de sí mismo que, buscando perseguir el reflejo, se cayó en el estanque y se ahogó. Aunque este mito nos enseña los peligros de una vanidad excesiva, lo cierto es que, aunque pueda sonar controvertido, **cierto grado de narcisismo sano es necesario**.

Todas las personas necesitamos darnos valor y sentirnos a gusto y cómodas en nuestra propia piel, además de que nos den valor quienes nos rodean.

El trastorno de personalidad narcisista sería este comportamiento llevado al extremo: hace referencia a un trastorno mental en el que la persona tiene un sentido irracionalmente elevado de su importancia y valor, que puede deberse a diferentes razones e, irónicamente, se caracteriza por una sensación interna de déficit, una autoestima muy frágil que la persona que lo sufre necesita y busca compensar mediante un comportamiento abusivo con quienes la rodean (es en esta vertiente en la que me centraré aquí).

El narcisismo surge de una herida a la valía de la persona que la hace sentir tan poco merecedora de afecto, cumplidos o reconocimiento que se construye una imagen de superioridad en la que su valía es exagerada. Y cuando se da esta exageración irrazonable, hablamos de patología.

Aunque las manifestaciones siempre son distintas, las características generales de las madres con este estilo de personalidad incluyen la creencia de ser mejor que los demás; buscar de manera arbitraria y desmedida ser el centro de atención; mostrarse encantadoras, pero también manipuladoras y envidiosas; negarse a recibir órdenes y críticas; mostrarse invulnerables y excesivamente vanidosas; y creer que nadie es suficientemente bueno. El trato que una hija recibe de una madre con este estilo de personalidad la hace sentir muy indefensa, por su carácter dañino, y puede anular su capacidad de defenderse y de sentirse con poder.

En su libro *Madres narcisistas*, Caroline Foster cita el *Manual diagnóstico y estadístico de los trastornos mentales*, de la Asociación Americana de Psiquiatría, a la hora de establecer los **criterios necesarios para realizar el diagnóstico de este trastorno**. El DSM, por sus siglas en inglés, es un sistema de clasificación que proporciona descripciones de las categorías diagnósticas que muchos psiquiatras, psicólogos y terapeutas emplean a nivel mundial. Según el manual, podemos hablar del trastorno de la personalidad narcisista si se presenta un patrón persistente de grandiosidad, necesidad de adulación y falta de empatía y si se cumplen al menos cinco de los siguientes criterios:

- Un sentido exagerado e infundado de su propia importancia y talentos (grandeza)
- Preocupación por fantasías de logros ilimitadas, influencia, poder, inteligencia, belleza o amor perfecto
- Creencia de que son especiales y únicos y de que solo deben asociarse con personas del más alto nivel
- Necesidad de ser admirados incondicionalmente

- Un sentido del derecho; entendido como una inmunidad para relacionarse, asumiendo que merece un trato especial y privilegiado por encima del resto
- Explotación de los demás para lograr sus propios objetivos
- Falta de empatía
- Envidia de los demás y creencia de que otros los envidian
- Arrogancia y soberbia

Además, los síntomas deben haber comenzado en la edad adulta temprana.

Tal vez al leer esto te ocurra como a mí cuando asistí a clase de Psicopatología Clínica en la universidad: al escuchar los criterios diagnósticos de diferentes trastornos de salud mental me veía reflejada en todos ellos porque había rasgos que estaban presentes en mi comportamiento en menor o mayor medida, como el hecho ser una persona perfeccionista. **Si es tu caso, tranquila: es normal que, en estas descripciones, encuentres rasgos que reconozcas en los demás y en ti misma.**

Ser criadas por una persona con estos rasgos hace que también puedan formar parte de nuestra personalidad, lo que coloquialmente se llaman «pulgas», las secuelas de haber vivido una relación abusiva, pero ser consciente de ello marcará la diferencia.

El trastorno de personalidad narcisista, según los sistemas de familia interna, muestra los esfuerzos de un protector que trabaja muy duro sosteniendo un autorretrato idealizado como escudo contra las flechas de la vergüenza, principalmente de la vergüenza interior en respuesta a sentimientos de inadecuación.

Una persona emocionalmente inmadura y una persona con un trastorno de personalidad narcisista pueden compartir pensamientos en la línea de «soy la mejor», «yo no me equivoco nunca» o «deberías hacerlo todo como yo». La diferencia es que la persona inmadura tiene la capacidad de reconocer y asumir el error y la reparación real, aunque sea algo torpe en la forma, mientras que una persona con trastorno de personalidad narcisista, no. La persona narcisista podrá pedir perdón si es conveniente para ella, pero no lo sentirá profundamente y, de este modo, será difícil esperar un cambio y una reparación genuina. **Para una madre narcisista, todo se trata de ella, nunca de los demás.** Una madre con este trastorno genera desconcierto, incluso sus hijos pueden sentir que compite con ellos, competencia que se manifiesta a través de críticas muy desagradables sobre su aspecto o la complicidad con sus parejas o amistades.

Me alegro de que mi madre haya muerto describe este comportamiento de una manera muy clarificadora. La madre de Jennette (la autora del libro) no pudo ser actriz y le trasladó a su hija el mensaje de «A ti no te pasará como a mí, yo te daré lo que a mí me faltó», sin darse cuenta de que su hija era alguien con una historia distinta y con inquietudes diferentes, pero hizo de su deseo insatisfecho una tarea que su hija tenía que cumplir, llevándolo al extremo. (Si te sientes preparada para leerlo, es un libro que te recomiendo muchísimo).

Cuando alguien niega tu experiencia, te sientes muy sola en ella. Y esto es algo que puede darse en relaciones con cualquier madre. Si en algún momento sentiste confusión y desconcierto al ver que alguien que debía tratar de ayudarte a entender lo que sentías y lo que ocurría a tu alrededor no lo hizo, te abrazo. **Espero que este libro te dé la fuerza y el aliento suficiente para empezar a contar tu historia y reclamar tu espacio y tus emociones.**

Por último, el **trastorno de la personalidad límite** (el trastorno que sospechamos que sufría la madre de mi amiga Gloria) hace referencia a lo que en el modelo de los sistemas de la familia interna se describe como **la pérdida de control emocional y la dificultad que un conjunto de partes que fueron heridas en el pasado y exiliadas tiene para mantener los vínculos**.

Como siempre, más que hablar de los criterios que deben cumplirse para emplear esta etiqueta, me parece más interesante hablarte sobre cómo es crecer al lado de una persona con este trastorno: sientes que tienes que andar siempre con pies de plomo o como si pisaras cáscaras de huevo, pues nunca se sabe cuándo esa persona tendrá un ataque de rabia, cuándo se va a ofender o cuando se derrumbará. Y cuando ocurren estos episodios, se caracterizan por **una gran intensidad**.

Cuando indagamos en este aspecto de la personalidad nos damos cuenta de que esta ira extrema no es exclusiva de un solo diagnóstico y puede ir asociado a muchos factores, incluso a madres con un trastorno de estrés postraumático, como vimos en el capítulo 2, cuando hablamos del impacto que tuvieron en la historia de Alicia las heridas y los traumas de su madre. En ese caso, el hecho de que la madre de Alicia no hubiera reparado el trauma de abuso sexual infantil hacía que se mostrase iracunda y perdiera el control con sus hijas.

Las personas con este trastorno se sienten fácilmente traicionadas y atacadas cuando otras personas no validan cualquier expresión de su mundo interno, sea una sensación o una emoción, y además castigan y rechazan, con el fin de que los demás sepan que les han fallado. Todo esto hace que no puedan establecer relaciones seguras debido a sus posibles rupturas.

La trabajadora social clínica y autora estadounidense Christine Ann Lawson explica en *Understanding the Borderline Mother* que las madres con trastorno límite de la personalidad no respetan los límites, utilizan el miedo y la culpa para controlar a sus hijos, los manipulan con frases como: «Si me quisieras, harías tal cosa», exigen que se pongan de su lado y muchas veces los castigan por mostrar sus propios puntos de vista y **expresar su individualidad**.

Aunque, como ya he dicho, mi perspectiva terapéutica no se centra en la clasificación y la adjudicación de etiquetas, te comparto los siguientes rasgos generales por si te ayudan a reconocerte y dar forma a tu historia. Según Lawson, en este trastorno subsisten cuatro subtipos de madre:

- La niña abandonada: una víctima que rechaza la ayuda y tiene una baja autoestima que lo impregna todo. Para ella, el vaso no solo no está medio vacío, sino que está a punto de romperse y mancharlo todo.
- La ermitaña: una mujer asustada por no poder ejercer su

control sobre todo, que se esconde del mundo. Su herida se expresa a través de la crítica constante de los demás.
- La reina: ansiosa por que sus hijos se vean reflejados en ella; es egocéntrica y exigente; considera que sus hijos han llegado al mundo para satisfacer sus necesidades.
- La bruja: iracunda y sádica, exige poder absoluto debido a que creció en un ambiente que requería una absoluta sumisión. Perpetúan el ciclo mediante un trato cruel, especialmente sobre quienes se muestran indefensos y dependen de ella, como sus hijos.

Si tu madre fue diagnosticada con este trastorno, quiero que sepas que, aunque tal vez esta información te ayude a darle sentido a lo que has vivido a su lado, no por ello tienes que justificarlo, y eso, como siempre, puede tomar las formas que mejor consideres (desde establecer límites emocionales en el desarrollo de una conversación —«No me gusta que hagas broma sobre esto, a mí no me hace gracia»— hasta establecer una distancia física).

Ahora que estamos llegando al final de este largo pero muy necesario capítulo, quizá te preguntes: «¿Cómo puedo saber si un comportamiento de mi madre se debía a uno de estos trastornos o si era fruto de las circunstancias personales o de la educación que recibió?». Y aunque probablemente mi respuesta pueda resultarte frustrante, creo que es lo que mereces escuchar: eso, realmente, no importa tanto como el impacto que tuvo.

Muchas veces la búsqueda constante de respuestas y diagnóstico como confirmación y validación de lo que sentimos nos aleja de poder darle valor a nuestra experiencia de dolor y sufrimiento. ¿Cuáles son los daños que has recibido? Si no hablamos desde un diagnóstico, ¿significa eso que no es legítima tu experiencia? Si tu madre no reconoce el daño, ¿sientes que la experiencia no te impactó?

En la bibliografía encontrarás otros títulos más específicos en los que encontrarás un tono distinto al que yo te ofrezco aquí. Mi intención en estas páginas es hablar de ti y de cómo eso te ha afectado, y, para ello, la historia de tu madre y su salud mental ocupa en este libro un segundo plano.

No obstante, soy consciente de que hay personas que recorren este camino de sanación a la inversa, comenzando por definir a su madre. Ninguna de estas opciones es mejor que la otra si te lleva adonde necesitas: a un lugar de calma contigo misma, aunque la relación con tu madre no sea la que te gustaría.

> Ser conscientes de que lo que importa somos nosotras y nuestro sentir, ver a nuestra madre con sus luces y sus sombras para así entender mejor las nuestras, reconociendo la repercusión de las experiencias para ver qué cambios necesitamos hacer o cuáles no: ese es el objetivo de cualquier proceso de sanación de la herida materna.
>
> Que puedas reconocer a tu madre en cualquiera de las afecciones que he descrito, aunque provengan del trauma relacional, no significa que tengas que justificar el daño que has recibido. **Todo lo malo que te ocurrió nunca tuvo que ver con que hubiera algo malo en ti.**

Antes de empezar este capítulo me preguntaba cuál sería su conclusión. Y lo que ahora siento, al final del capítulo, son ganas de abrazarte si, por desgracia, has vivido algo de lo que he compartido aquí. Como no estoy a tu lado en el momento de leer estas líneas, quiero terminar con una canción que escuché muchas veces mientras escribía este capítulo, para que con mis palabras y esta música puedas sentir el abrazo que necesitas: *Matilda*, de Harry Styles. La encontrarás en esta lista que he creado para ti, para nosotras. Te invito a dedicarte unos minutos para escucharla y conectar con su mensaje.

Por último, solo me gustaría añadir que, si leyendo este capítulo has sentido ansiedad, quiero que sepas que es normal. Yo misma la he sentido escribiéndolo: no es nada agradable pensar en las vivencias tan dolorosas que algunas personas llevan escritas en su historia de vida.

Si tú eres una de esas personas que saben de lo que hablo, te abrazo muy fuerte desde estas líneas: ojalá sepas que nunca hubo nada malo en ti, que nada hizo que fueras difícil de querer y que mereces ese amor que tanto anhelas.

9

LA ESPERANZA DE QUE ESO CAMBIE: DE LA RELACIÓN IDEAL A LA RELACIÓN REAL

> Querida mamá:
> sé que no me puedes dar lo que necesito, pero a veces me cuesta no volver a pedirte lo que siento que me pertenece.

El capítulo anterior lo terminé un domingo al mediodía antes de comer y, después de almorzar, me tumbé en el sofá con mi marido y vi dos películas románticas, una de las cosas que sé que me regula y me hace sentir sensaciones agradables. Espero que, antes de continuar con la lectura, pudieras darte espacio y hacer algo por ti para dejar entrar un poquito de aire y de luz tras el capítulo anterior.

Es evidente: ya nos estamos acercando al final. Si formas parte de mi comunidad de Instagram, quiero darte las gracias: todas vosotras me habéis ayudado mucho siempre que habéis compartido conmigo de forma pública o privada vuestras inquietudes respecto a la relación madre-hija y la herida materna. Normalmente estas cuestiones están orientadas hacia el cómo y, aunque mi gran respuesta (prácticamente para todo) siempre es «hacer terapia», gracias a las aportaciones de algunas de mis seguidoras, puedo ofrecerte en este capítulo información útil que considero que puede ser como un hilo del que tirar ahora que vamos a hablar de la reparación.

Hasta ahora te he guiado explorando la relación con tu madre y las emociones que esta te ha provocado o te sigue provocando. En este sentido, creo importante decirte que es difícil trazar un camino en línea recta durante el proceso de reparación de la herida. Al tratarse de un vínculo tan intenso y profundo, hay algunas veces que, al ir abriendo la puerta a viejos recuerdos, afloran emociones y sensaciones que estaban olvidadas y, con ello, llega el miedo (lógico) a la pérdida, al cambio, y entran en juego nuestras partes protectoras, aquellas que quieren evadirnos y salvarnos de aquello que con tanto esfuerzo protegieron y sumergieron para que no saliera a la superficie.

Lo que quizá no saben estas partes que buscan protegerte a toda costa es que, ahora, la adulta encargada de sostenerte eres tú y no tu madre. A lo largo de estas páginas mi intención ha sido acompañarte como merecías ser acompañada en las diferentes fases y emociones que has experimentado para que conectaras con aquello que más sentido tenga para ti y puedas integrar **tu historia con tus propias palabras**.

El poder de una disculpa de verdad

Como ocurre con una herida física, cuando tenemos una herida emocional lo que queremos es saber cómo tratarla para que sane. Cuando somos pequeñas necesitamos que una persona adulta, a la que consideramos más fuerte y sabia, sepa lo que hay que hacer para curarla. En el caso de las heridas emocionales, esperamos que esta sanación empiece por una disculpa de la persona que nos ha dañado.

Una disculpa significa que la persona que te ha herido asume la responsabilidad del daño y que está comprometida a que eso no vuelva a pasar. Sin embargo, esa disculpa a veces nunca llega.

EJERCICIO

Antes de seguir, tómate unos minutos para pensar en las veces que tu madre se ha disculpado por haberte herido. A continuación recojo algunos ejemplos de cómo podrían sonar esas disculpas.

- «Perdón por haberte gritado, estoy desbordada pero no tendría que haberlo hecho».
- «No me di cuenta, pero estás en lo cierto».
- «Lo que hice no estuvo bien, estaba molesta y quería herirte, pero no lo pienso de verdad».
- «Tienes razón, eso ha estado fuera de lugar».
- «No lo he hecho con esa intención, aun así, lamento que te haya dolido».
- «Siento que estés atravesando esto, ¿puedo hacer algo por ti?».

Si nunca has escuchado un perdón por parte de tu madre, déjame que valide tu sentir y tu dolor. Quiero que sientas el abrazo de mis palabras.

Siento que tuvieras que vivir algo así, lo lamento con todo mi corazón, y quiero que sepas que no estás sola en tu dolor. Me tienes aquí, en estas páginas, y también a toda la gente que te quiere, para sostenerte y ayudarte a sanar tus heridas. Todo llega. Deseo que puedas reparar tu herida ahora como te gustaría que la hubieran reparado, pues toda mariposa, aunque se le rompa un ala, está a tiempo de curarse y volver a volar.

Como te decía, ese perdón que tanto ansiamos cuando queremos sanar no siempre llega. ¿Qué pasa, entonces, si tu madre no te pide perdón por el daño causado o no reconoce tu dolor? Por mi experiencia profesional, debo decir que esta situación se repite con más frecuencia de la que me gustaría admitir. No obstante, que la persona que te haya causado malestar no lo reconozca, no hace menos real tu experiencia: **tu herida está ahí, sigue existiendo**.

Si tu madre no la reconoce, necesitas hacerlo tú: esa herida necesita que puedas ocuparte de ella.

Sé que esto puede parecerte injusto y frustrante, pero ahora entenderás por qué es necesario.

Imagina que tu madre te ha hecho un corte superficial en la mano sin intención de dañarte. Aunque el corte no es profundo, está sangrando, y tú vas corriendo al botiquín a por unas vendas y yodo para desinfectarla, pero ella está ocupada haciendo otras cosas. Y da igual lo que hagas, no te ve o te esquiva la mirada. Te dice: «Un momento, apriétatelo así y ahora voy. No te preocupes, que es solo un cortecito de nada», y tú te sientes sola y dolida por partida doble y esperas a que pueda dedicarte su atención para curar la herida.

Esto mismo ocurre muchas veces cuando hablamos de las heridas emocionales maternas: esperamos la disculpa para empezar a sanar y sentirnos mejor. Es un deseo de justicia, ansiamos que nuestra madre arregle lo que ha «roto». Te entiendo, y no quiero que dejes de buscar justicia. Eso te ha traído hasta aquí y te ha protegido buscando que cada persona asuma su parte de responsabilidad para que la carga esté repartida. Pero no me gustaría que la frustración te impidiera sentirte en paz. Si continúas haciendo tu vida con esa herida que todavía sangra va a ser difícil que puedas experimentar la tranquilidad que buscas.

La reparación se produce después de una ruptura de confianza en una relación, y una ruptura relacional puede ser cualquier escisión del vínculo, sea esta pequeña o grande. Sin embargo, siento que una pequeña disculpa a veces puede tener la capacidad de marcar el inicio de la reparación de incluso el daño más grande. Los episodios en los que se rompe la confianza son intrínsecos a las relaciones sociales; **lo que marca la diferencia** y permite que una relación sea segura en el vínculo **es la reparación**. Gracias a ella, nos sentimos vistas, reconocidas, merecedoras, y esto nos despoja de la culpa y la vergüenza, nos da poder y valor.

Desde mi punto de vista, para que el perdón sea genuino y la reparación posible, es necesario que se produzcan las siguientes situaciones:

SITUACIÓN NECESARIA	CÓMO SUENA
Reconocimiento del daño	«Es verdad, ahí tienes una herida, veo que estás dolida por X»
Conexión con la vulnerabilidad	«Lo reconozco, he fallado»
Empatía	«Esto te ha dolido, lo veo y lo siento»
Apertura al cambio y flexibilidad	«¿Qué te gustaría que hubiera hecho distinto?»
Capacidad de escuchar y diferenciar experiencias	«Me duele oírte decir esto porque yo no quise hacerte daño, pero entiendo que tú lo viviste así»
Pasar del perdón a la acción	«Voy a tener en cuenta esto que me dices en adelante, de verdad»

En consulta, muchas veces me dicen: «Marta, si mi madre sí que me ha pedido disculpas y yo estoy ya preparada para sanar, ¿por qué sigo enfadada con ella?». Pues bien, **cuando la disculpa es real, tu cuerpo lo sabe**: notas un alivio, una descarga, como si te quitaras un peso de encima; la tensión empieza a desvanecerse.

Si te ves reconocida en esta situación, lee las siguientes frases. ¿Esa disculpa que has recibido de tu madre se parece a alguna de ellas?

- «Qué pasa, ¿acaso eres perfecta? Perdona por equivocarme».

- «Ya te he dicho que lo siento, ¿cuántas veces tengo que repetirlo?».
- «A mí no me suena que eso que dices fuera así, pero bueno, perdón».
- «Te quejas cuando en realidad yo sí tengo motivos para quejarme y no te digo nada».
- «Si me he puesto así es porque tú no has parado».
- «Siempre igual... Mi madre me hizo tanto daño que ahora yo, como madre, lo he estropeado todo contigo».

Al comparar estas «disculpas» con las de la tabla de arriba, estoy segura de que verás la diferencia con claridad y entenderás mejor por qué la reparación no ha tenido lugar. No hubo una resolución.

Si la relación que has tenido ha sido más o menos segura, con sus inevitables rupturas de confianza y consecuencias emocionales para ti, no describiría la ruptura como una consecuencia de una relación caracterizada por la negligencia o el maltrato, porque **todos tenemos la capacidad de herir, incluso cuando el vínculo no puede definirse como disfuncional**.

Una ruptura de confianza con tu madre puede tomar formas no tan evidentes, como estas:

- Que le digas que te sientes triste y te conteste que no es para tanto.
- Que necesites un abrazo y ella no se muestre cariñosa.
- Que le cuentes algo que te preocupa y te pida que seas fuerte.
- Que le expliques algo que te ha pasado y no te crea.

- Que le pidas un favor y no lo haga.
- Que te diga que luego te llama y se le olvide.

Uno de mis mayores aprendizajes como hija ha sido reconocerme como una adulta con capacidad de dañar y también de hablar de lo que a mí me ha dolido sin herir, sabiendo que la información que estaba compartiendo con mi madre no la dejaría indiferente y que la podía herir, pero segura y convencida de que aquello tenía que decirlo y hacerlo por mí. De que tenía que hablar desde mi verdad.

Por eso, si eres madre y estás leyendo esto, ten en cuenta que cuando recibes cualquier información de tu hija que te habla de su daño, también necesitarás reposar y asimilar lo que acabas de escuchar. Por supuesto, tendrás ganas de defenderte ante lo que para ti será un «ataque» a tu yo madre, pero si tu deseo es reparar el vínculo y participar de una relación que aporte y dé seguridad, también tienes que estar preparada para escuchar cosas que no te gustarán y hacer el esfuerzo de escuchar activamente y desde la empatía.

Esto que te cuento me recuerda a una madre que, leyendo una de mis publicaciones de Instagram, me dijo: «Marta, yo soy una de esas madres que no ha hecho las cosas del todo bien, pero tampoco me considero una mala madre. Sin embargo, mi hija es adolescente y no sé cómo empezar esta conversación. Siento que estamos en un campo de guerra».

Si tú también estás al otro lado (como madre, además de hija) y quieres iniciar el proceso de reparación de tu hija, aquí va una fórmula que puede ayudarte a darle ese arranque que quizá necesite vuestro vínculo: «Oye, hija, he estado leyendo información en Instagram / en un libro que yo no tenía cuando eras pequeña y creo que hay cosas que no hice bien contigo y te quiero pedir perdón por ello. Estoy dispuesta a informarme y que podamos hablar de ello cuando te sientas preparada».

Asimismo, es importante que sepas que, cuando buscamos reparar una herida y pedimos disculpas con sinceridad, cabe la posibilidad de que la persona que tenemos delante conecte con el daño y el malestar de su herida antes de aceptar las disculpas y que, en el momento de pedirlas, no nos alivie «quitándonos» esa carga. En ese caso, vamos a tener que sostenerla y lidiar con la realidad que se abre ante nosotras.

Cuando la reparación no es cosa de dos: aprender a poner límites

Esta reparación de la que hablo no siempre es posible directamente con la persona que nos ha hecho daño. En ese caso, tenemos que buscar formas de atender esa herida por nuestra cuenta, aunque sea de manera unilateral; una reparación que te implique directamente a ti. En ocasiones, por mucho que nos esforcemos, la reparación no ocurre, por ejemplo, porque al recordar escenas de infancia nos dicen que eso no pasó así y que no lo recuerdan; porque hemos expresado lo que nos molesta y no hay un cambio; porque hemos pedido una conversación para aclarar las cosas y se han negado... Los límites no nos hacen inmunes al daño, pero tienen la intención de frenar el crecimiento de esa herida que ya cargas.

Sí, ha llegado el momento de hablar de los límites.

Antes de meternos en materia, me gustaría contarte cómo imagino los límites con una metáfora muy simple. Para mí, son **como una verja en tu jardín que impide que se cuelen en casa perros que no son tuyos, pero deja que las personas a tu alrededor te vean**. Sin embargo, el problema de poner unas verjas muy robustas es que nos aíslan y ni siquiera los demás pueden vernos para acercarse (o reparar). En cambio, si son endebles, cabe la posibilidad de que los vecinos que paseen cerca de casa la atraviesen y pisen el césped o que los perros campen a sus anchas en el jardín.

Para establecer límites emocionales necesitamos que la rabia se transforme en coraje y fuerza para sostener la incomodidad al pensar en la pérdida; algo que nos permita decir: **«Hasta aquí», «Por ahí no», «Basta, no te dejo pasar más»**.

Una vez mi psicóloga me dijo: «La rabia es la manifestación emocional de un lenguaje de amor hacia una misma, una alarma que se enciende y te dice: "Marta, así no. Te mereces que te traten bien"». El problema es que cabe la posibilidad de que esa alarma no se haya «programado» nunca y que ahora tengas que aprender a hacerlo y acostumbrarte a escucharla, y tener la confianza de que te ayudará a protegerte y a implementar las acciones que creas convenientes.

Pero ¿qué ocurre en la práctica cuando empezamos a escuchar esta rabia y la transformamos en límites? Pues que, a menudo, sentimos culpa.

Para poner límites, necesitamos sentir y darnos permiso para enfadarnos. Cuando recibimos esa validación y ese permiso empieza a aparecer en nuestras relaciones, tendrán que convivir con la culpa que hemos sentido por no complacer. Hasta que no tomamos conciencia de la herida y el malestar que provocan ciertos comportamientos relacionales, la culpa nos hace seguir participando en la dinámica habitual y nos impide hacer cambios (poner límites), aunque eso signifique sentirnos desprotegidas.

La culpa es natural, y aprenderás a navegarla.

Los límites físicos, como el ejemplo de la verja del jardín, están muy claros, pero cuando se trata de límites emocionales, la cosa se complica y, con frecuencia, nos encontramos que pasan a «nuestra casa» sin pedir permiso antes de entrar.

Por eso hay que dejar claro cuáles son nuestros límites, porque estos no son siempre «visibles» para la otra persona.

Deja que te ponga un ejemplo de **cómo se visibilizan los límites en nuestro día a día**. Un día, hablando con una amiga que es madre, me comentó: «Le acabo de decir a mi suegra que mañana no iremos a comer y me siento mal, Marta». Recuerdo que, cuando me lo contó, pensé que era probable que se lo hubiera dicho en un tono algo agresivo. Le dije: «Bueno, quizá puedes repararlo y pedirle disculpas por el tono y luego ya decides si vas a comer o no».

Entonces, contestó: «No, es que no quiero repararlo, Marta. No quiero ir, quiero estar a solas con mi hija».

Por supuesto, este deseo era lícito. Es lícito, natural y lógico que una madre o un padre quiera disfrutar de tiempo de calidad a solas con su hijo o hija. Lo que le ocurría a mi amiga es que **la culpa del límite** le generaba un malestar que no sabía cómo gestionar.

La culpa del límite es aquella sensación que experimentamos cuando ponemos un límite y nos hacemos responsables de lo que está sintiendo la otra persona «como consecuencia» de nuestra acción; esto se refleja en frases como:

«Me sabe mal porque ahora está enfadada».

«Me sabe mal porque ahora está triste».

«Me sabe mal porque no lo entiende».

Hasta cierto punto, es normal que sientas culpa. Poner límites implica ponernos nosotras primero, y eso, a veces, puede generar malestar a la otra persona, lo que puede llevar al rechazo o a la desaprobación, a que deje de contar con nosotras. Y es este miedo el que genera la culpa. Pero es importante entender que, cuando no ponemos el límite, lo que verdaderamente ocurre es que estamos haciendo una renuncia, **hacemos caso omiso a nuestro sentir y a nuestras necesidades**: «Voy a comer a casa de mi madre y así ella no pondrá mala cara, no hará comentarios y yo también estaré tranquila, aunque me gustaría no estar ahí».

Aunque es cierto que al poner límites con nuestra madre y escuchar con atención lo que necesitamos también hacemos una renuncia, esta es bien distinta: se trata de una renuncia con la que no nos han enseñado a lidiar y que nos lleva a una autocrítica, a veces desmedida, como consecuencia del miedo al rechazo que mencionábamos antes. Si decimos que no y ponemos el límite, nos arriesgamos a que la etiqueta de «la buena hija» (un constructo perpetuado por la tradición patriarcal de la sociedad) se desvanezca. **Y, cuando eso ocurre, corremos el riesgo de no ser dignas del amor que buscamos y nos merecemos.**

Te explico todo esto porque, a menudo, elegirte a ti y sentirte mal por ello genera desconcierto. Nos gustaría tenerlo todo:

ser buenas hijas para nuestras madres y a ojos de la sociedad, pese a que veces nos hacen daño, y, al mismo tiempo, dedicarnos el cuidado y el cariño que necesitamos, pero eso no siempre es posible. La única persona que sabemos que con seguridad va a estar ahí para nosotras, contra viento y marea, somos nosotras mismas. Por eso, aunque duela, **es preferible navegar la culpa y aprender a lidiar con ella que renunciar a escucharnos y no reconocer quiénes somos y lo que sentimos**.

EJERCICIO

Antes de continuar con otra historia que te ayudará a entender mejor la importancia de poner límites, quiero que te tomes unos minutos para escucharte con atención y reflexionar. Lo que hemos visto es la teoría y el mensaje que quiero transmitirte. Sin embargo, me gustaría que a continuación hicieras el trabajo de reflexionar qué son y qué forma toman los límites para ti. Para ello, intenta contestar con sinceridad las siguientes preguntas.

- ¿Alguna vez has visto a tu madre poner límites con tu abuela? ¿Y con otras personas?

....

....

....

....

....

- Si lo ha hecho, ¿qué expresión tenía y cuál era su actitud? ¿Era de tranquilidad, miedo, inquietud? (Te pregunto esto porque hace poco, en una reunión laboral, escuché algo que no me encajaba y me hacía sentir mal; tuve que obligarme a decir algo poniendo cara seria, lidiando con el miedo a lo que iban a pensar de mí o a que no quisieran contar conmigo. Lo cierto es que en el trabajo siempre intento apaciguarme, pero esa vez no).

....

....

....

- Si no la viste, ¿qué te da miedo que ocurra si lo haces?

....

....

....

- Si te haces caso y pones ese límite, ¿qué crees que tu madre podría decir sobre ti? (Probablemente lo primero que oirás es que eres una egoísta, pero lo cierto es que, si alguien se incomoda por un límite que tú necesitas, cabe la posibilidad de que antes se estuviera aprovechando de que no lo hubieras establecido).

....

....

....

- ¿Qué crees que conseguirás poniéndolo? ¿Qué es lo peor que podría pasar?

....

....

....

....

Espero que tras responder estas preguntas empieces a ver que no hay truco y que **lo más probable es que, después de poner el límite, tengas que sostener el malestar de que tu madre pueda enfadarse o distanciarse**. Lo que espero, de todo corazón, es que las herramientas y las historias que te he compartido a lo largo del libro te hagan ver que eres capaz de sostenerte y manejarlo. Y también que sepas que, **si necesitas ayuda, no hay nada malo en pedirla**: hacerlo significa poner un límite y darte prioridad, un primer paso, un paso fundamental, en el camino de la sanación de tu herida materna.

¿Y cómo puedes poner el límite? Desde la asertividad, el respeto (hacia ti misma, sobre todo, pero también hacia los demás, siempre que sea posible) y la empatía. Imagina que, como mi amiga, de la que te hablé antes, tu madre te invita a comer a su casa. Tú, que no tienes una mala relación con ella, pero tampoco la mejor, prefieres quedarte en tu casa: ha sido una semana muy ajetreada en el trabajo y lo último que necesitas ahora es que tu madre, con sus comentarios sin mala intención, te haga sentir mal por no haberle dedicado el tiempo que ella considera que se merece pese a que es consciente de que estás atravesando una temporada con una carga laboral sustancial. ¿Cómo puedes decirle desde la asertividad, el respeto y la empatía que lo que necesitas es tiempo para ti? Aquí van algunos ejemplos.

- «Mamá, hoy ya tengo planes, pero me gustaría ir otro día».
- «Mamá, me había organizado para estar en casa, ¿qué otro día te va bien?».
- «Me gustaría, pero hoy voy a quedarme en casa, lo necesito».

El elefante encadenado

No te voy a engañar: **hay veces que de verdad hemos intentado poner límites y nuestra madre no los respeta**. Por desgracia, esto ocurre y, cuando pasa, nos sentimos pisoteadas, porque una figura tan clave para nosotras ha transgredido las fronteras de nuestra casa y ha apartado la verja del jardín para entrar sin permiso.

Esto es más común de lo que me gustaría admitir y no siempre reaccionamos como habíamos planeado ante esta situación. En ocasiones nos sentimos bloqueadas ante situaciones que nos generan estrés y dolor cuando ya hemos intentado ponerles freno u ofrecer una resolución y no ha servido.

Para hablar de esto, la metáfora del elefante encadenado, del célebre cuento del escritor Jorge Bucay, nos viene muy bien: en él, un pequeño elefante que desde pequeño ha vivido encadenado, al crecer no es capaz de liberarse de la cadena que lo ata, pese a que con su fuerza y tamaño descomunal, podría hacerlo.

¿La razón? No escapa porque cree que no puede, porque su experiencia antes de ser un elefante adulto le enseñó que su realidad era estar encadenado y grabó en su memoria el recuerdo de la impotencia que sintió al intentar escapar, sin éxito, cuando era pequeño.

Este cuento nos habla de la indefensión aprendida y de que, aunque hayamos crecido, algunas veces seguimos mirando a nuestra madre como si nosotras aún fuéramos pequeñas e indefensas.

EJERCICIO

Antes de continuar, tómate unos instantes para asimilar lo que has leído hasta aquí y reflexionar. ¿Te has preguntado alguna vez si esas cadenas que sientes que te frenan son de tu adulta? ¿O acaso es el miedo de tu niña interior?

Esta es la pregunta que le hice a Mar, de veintiocho años, cuyo proceso acompañé hace un tiempo. Durante su infancia y adolescencia había vivido muchas situaciones con su madre que le habían dolido y molestado, pero que no había podido verbalizar y compartir hasta que llegó a terapia.

Por lo que me contó en una de las primeras sesiones, su madre tenía un carácter muy autoritario, y aunque no estaba demasiado presente en el día a día de Mar, cuando lo estaba, era desde la crítica y la rigidez. Mar tenía la sensación de que su madre siempre estaba de mal humor. La oía refunfuñar en voz baja mientras hacía cualquier tarea y con frecuencia también subía el tono y le gritaba a su padre.

Esas situaciones eran extremadamente incómodas. Generaban mucha tensión y sensación de alerta. En su casa reinaba el miedo a la rabia de la madre, y Mar creció sintiendo miedo de su propia rabia y muchas veces no se permitía sentirla para evitar el malestar que le ocasionaba. Para ella era mejor ser positiva e intentar ver *solo* el lado bueno de las cosas. Pero cuando llegó a la vida adulta consideraba que daba todo por los demás, sobre todo por sus amigas, y no veía que otras personas hicieran lo mismo por ella; aunque eso le generaba rabia, acababa por no decir nada, pues le daba miedo que se enfadaran y la dejaran de lado, como le había pasado con un grupo de amigas en la primaria. Esto la trajo hasta mí: **Mar quería liberar sus emociones y no sabía cómo. Necesitaba ayuda para tirar del hilo**.

En su interior había una parte complaciente, una que conformaba su personalidad y buscaba constantemente «apagar» su enfado e intentaba calmar el ambiente y apaciguar al resto. Pero lo cierto es que, después de tantos años contenida, embotellada en sí misma, dentro de ella existía una rabia muy «encendida» que tenía origen en su infancia, y esto había empezado a afectar sus relaciones, más allá de la de madre-hija.

Mar no quería enfadarse porque no quería parecerse a su madre. Sin embargo, lo que ella veía en su madre no siempre era rabia: en muchas ocasiones era violencia. Recuerdo que el día que llegamos juntas a esta conclusión, me dijo: «Marta, me da miedo que si me enfado, si doy rienda suelta a esta rabia contenida, me vaya a pasar lo mismo que a ella: que la emoción me ciegue y haga daño. **Me da miedo convertirme en mi madre**».

En el caso de Mar, no tenía sentido hablarle de la función de la rabia y su expresión adaptativa (nos prepara para reaccionar ante una agresión, algo que sistema nervioso sistema percibe como una amenaza o un peligro sin hacernos daño a nosotras y sin hacerlo a los demás), ni del lenguaje del amor, ni de límites ni de protección. Teníamos que empezar por el principio, ir al origen de todo.

La rabia que conocía Mar a través de su madre no era la rabia que ella podía experimentar. Gracias a la terapia pudo comprobar que, si se daba permiso para sentirla y dejarla brotar hasta llegar a su punto más álgido, luego iba bajando. Imagina que haces un *sprint* y, de repente, notas que se aceleran las pulsaciones; luego, al parar, tienes la sensación de que se te va a salir el corazón por la boca. Pero poco a poco, si te das tiempo, esa sensación se va acomodando y las pulsaciones van volviendo a la normalidad.

Por ello, fue muy beneficioso intervenir y explorar primero la rabia que Mar conocía para que entendiera las diferencias entre su experiencia de regulación emocional y la de su madre (caracterizada por la ausencia, aunque resulte paradójico, de regulación). De hecho, cuando experimentamos situaciones como la de Mar, a veces respondemos de forma totalmente contraria: esa rabia que no sale y que serviría para poner límites se queda dentro, enquistada, en forma de crítica, y acaba transformándose en comentarios tendenciosos e infundados, como: «Menuda idiota, otra vez te ha pasado lo mismo, y no le has dicho nada... Así las cosas no van a mejorar».

Al igual que le ocurría a Mar, por el apego y el vínculo biológico con nuestra madre (aunque no exclusivamente), estamos preparadas para, en situaciones como esas, seguir manteniendo el contacto, por lo que, si establecer un límite supone poner en riesgo la relación, es entendible que no queramos hacerlo.

De todas formas, **ese límite puede tomar distintas formas**, a veces incluso más físicas, como irte a otra habitación en un momento en que necesitas autorregularte, cambiar de tema cuando algo que tu madre te está diciendo te incomoda, cambiar de posición, cambiar el tono del discurso, etcétera. Muchas veces, por experiencias previas, nos imaginamos que los límites nacen en la agresividad y la hostilidad (si es tu caso, aprovecho estas líneas para darte nuevamente un abrazo si sabes de lo que hablo), por lo que ignoramos que existe la posibilidad de que los límites se vean firmes y, a la vez, nos tengan en cuenta a nosotras y a los demás.

Te dejo algunos ejemplos para que puedas recurrir a ellos si lo necesitas; asimismo, te animo a que encuentres tu forma de poner límites, haciéndote escuchar, especialmente a ti misma:

- «Gracias por preocuparte, pero ya he decidido cómo voy a hacer/gestionar las cosas en adelante».
- «Si me sigues hablando así, prefiero dejar la conversación para otro momento».
- «Ahora no puedo ocuparme de esto, te aviso cuando pueda y nos organizamos para hablar de ello tranquila y respetuosamente».
- «Respeto tu opinión, pero también necesito que escuches la mía».

Soy consciente de que todo lo que estoy compartiendo no servirá para según qué relaciones, por eso también quiero decirte que poner límites y darte prioridad a ti misma, muchas veces también es evitar el enfrentamiento: si lo mejor que puedes hacer para protegerte es no entrar en el juego y evitar ciertos debates, luchas, o batallas para luego hacer un trabajo interno de recuperación, estás en todo tu derecho. Hazlo, y cuídate.

En ocasiones necesitamos darnos el permiso para dejar de intentar que nos entiendan o que cambien, y ese permiso que debemos darnos es aceptación. Tenemos derecho a poner límites y no nos corresponde averiguar cómo ese derecho, que todas tenemos, hace sentir a la otra persona.

Te diré más: habrá momentos en los quede será necesario que no hables de tus emociones si te ves en un contexto inseguro y te centres solo en evitar la confrontación.

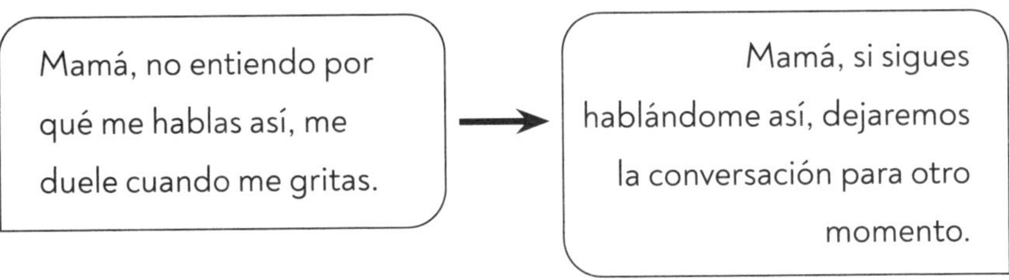

En estos casos en los que sabemos o creemos que nuestro malestar puede avivar la llama del conflicto, es mejor hacer pausa y priorizarnos.

Sé que duele este cambio.

Hace poco alguien me decía que le daba rabia no poder ser honesta y confesarle a su madre que prefiere tener una relación distante y conversaciones «de ascensor», pero esto no siempre es posible. La realidad es que somos nosotras quienes necesitamos saber qué emociones hay debajo, y quizá, para poner el límite, no hace falta que nuestra madre lo sepa.

Tenemos que ser conscientes de cuándo es el momento de participar en el juego que se ha establecido y dejar que la conexión que existía cambie por otra más funcional, o al menos intentarlo, para que el sufrimiento que existe alrededor de la herida y la relación se pueda elaborar y veamos cuáles son las posibilidades reales de establecer un vínculo más seguro que el que existió en el pasado.

Tus preguntas acerca de la madre

En este último apartado te propongo hacer algo diferente: unas preguntas y respuestas al estilo de Instagram poniendo el foco en qué puedes hacer tú si todavía sientes que la relación con tu madre puede ser el asunto pendiente de resolver que más te duele o molesta. Quiero dar las gracias a todas las lectoras y seguidoras que han colaborado con sus aportaciones para dar voz a otras personas que tal vez no han sido o no son capaces de plasmar en palabras lo que les ocurre. Vamos a ello, juntas.

1. Tengo muy mala relación con mi madre, pero se niega a cambiar. Siento que es imposible hablar con ella y encima se niega a ir a terapia. ¿Qué opciones tengo?

Me gustaría darte alguna, pero si ella no quiere cambiar, pocas opciones te quedan disponibles que sean de tu responsabilidad. Parece que, por tu lado, te queda un camino por recorrer: desde la aceptación y el duelo de las expectativas que supone darte cuenta de que tu madre se niega a cambiar y tú quieres que lo haga hasta la sanación de tu herida.

2. Creo que mi madre tiene trastorno de la personalidad narcisista y he puesto distancia con ella, pero ¿es esa realmente la solución?

Según desde dónde se haya tomado la decisión de tomar distancia (si esperas que con ello tu madre se dé cuenta del daño y se acerque o si la distancia significa para ti protección, por ejemplo), entonces parece que esa es la solución que has encontrado. Esta no tiene por qué ser una decisión que marque el resto de tu vida, pero está claro que es lo que necesitas ahora, así que no te sientas abrumada por ello. No existe una única solución correcta, sino la que mejor te funcione a ti en este momento concreto.

3. ¿Qué hago si siento que, si mi madre trabajara para reparar sus heridas de infancia todo sería distinto, pero ella no quiere ni hablar de ellas, y mucho menos asumirlas?

Lo primero que te recomiendo que hagas por ti es lidiar con la frustración de que lo que te gustaría que ocurriese para que todo fuese distinto no está pasando, y explorar, escuchando tus necesidades, cómo quieres relacionarte con tu madre sabiendo que no quiere hablar de sus propias heridas ni asumirlas.

4. ¿La rabia que siento hacia mi madre se irá algún día?

Debo ser sincera: es probable que nunca experimentes un estado de «rabia cero». Es posible que, en tu caso, la rabia funcione como una alarma que se enciende para que estés atenta a si necesitas hacer algo diferente en la relación. No es malo que la rabia esté contigo (recuerda: no hay emociones positivas o negativas, sino emociones que nos traen sensaciones agradables y otras que nos traen sensaciones no tan agradables que debemos aprender a navegar); lo que puede ir variando es la intensidad. Es importante que tomes conciencia del efecto de esta emoción en ti, que seas capaz de ver si la forma que tiene ahora la rabia te hace bien, si es una rabia que te daña, si es un rencor o una necesidad de devolver el dolor que infligieron sobre ti, y si se enciende en los momentos en que necesitas valor para establecer el límite y sostener la culpa.

5. ¿Cómo puedo trabajar la culpa por poner límites a una madre que no me respeta?

En primer lugar, enhorabuena: el trabajo más grande ya lo has hecho. Me imagino lo difícil que habrá sido poner límites a una madre que no te respeta. Ahora, como veíamos antes, justamente te tocará lidiar con la culpa. La culpa te habla de cuál ha sido la tendencia habitual en tu relación, que quizá era tolerar una falta de respeto, así que no está mal que aparezca. El reto será aprender a convivir con ella.

6. ¿Será mi madre capaz de pedirme perdón alguna vez?

Puede ser que sí, pero también puede que no, y no pasa nada. Lo importante es que, aunque ese perdón no llegue nunca, tú seas capaz de decirte las palabras que te gustaría escuchar de boca de ella. Tu madre solo será capaz de pedir perdón si emocionalmente cuenta con las herramientas adecuadas para asumir el daño y la responsabilidad, la capacidad de mostrarse vulnerable y reconocer errores. Y esto no siempre ocurre. Obsérvala atentamente en vuestra dinámica y presta atención a cómo son sus relaciones más allá del vínculo madre-hija.

En caso de que no suela pedirte disculpas, fíjate en si tiene otras formas de acercarse a ti emocionalmente. Quizá cuando es consciente de que te ha herido no pida perdón, pero te pregunta qué te gustaría que te preparara para cenar, por ejemplo, para reestablecer la conexión. Sé que no es lo mismo, pero puede ser una expresión de sus cuidados. Presta atención a posibles intentos de mostrar su incomodidad o preocupación ante situaciones en las que exteriorizas tu malestar, aunque no pida abiertamente perdón. De esta forma, tendrás más información sobre su capacidad de reparación.

7. Como madre, ¿cómo puedo gestionar el miedo a repetir los errores con mis hijos?

Para saber cómo evitar perpetuar el ciclo de malestar y romper con las dinámicas disfuncionales que nos provocaron dolor a nosotras, necesitamos ser conscientes de cuáles han sido los errores o aspectos mejorables y lo que ha estado presente en nuestra crianza. No se trata de buscar ser mejores o de alcanzar la perfección, sino de reparación. Es normal que tengas miedo: esto puede ser un indicador de que quieres protegerles de algo que tú viviste y que, tal vez, todavía no has integrado.

El objetivo es conocer tu experiencia para saber qué es lo más probable que te pueda ocurrir a ti, y así estar preparada para ello. Si tu madre era exigente contigo, es probable que esa exigencia aparezca de algún modo, pero si eres consciente y tienes las herramientas necesarias, tendrás más opciones de evitar que no se repitan los mismos errores.

8. ¿La mala relación que tengo con mi madre se debe al hecho de que ambas somos mujeres?

El hecho de ser mujer tendrá un impacto en nuestra forma de socializar, y existirán heridas dentro de nosotras que los hombres no experimentan de la misma forma (aunque con esto no quiero decir que no puedan tenerlas, por supuesto), especialmente relacionadas con el cuidado del aspecto físico, un carácter más sumiso y servicial, la invalidación de la rabia, la petición de no hacer demasiado ruido ni llamar la atención, etcétera. Muchas veces las madres que han sido educadas en un sistema patriarcal, de cierta forma han pedido a las hijas que repitan las mismas conductas, y eso, desde luego, puede tensar la relación. De hecho, recuerdo a una amiga que me dijo que el feminismo salvó la relación con su madre (esto casi que daría para otro libro).

Si crees que todo lo que rodea la relación con tu madre sería distinto si no hubieras formado parte de la sociedad y la cultura existente en ese momento, cabe la posibilidad de que sea así, pero, aunque duela admitirlo, también puede tener que ver con la personalidad de ella, pues también hay buenas relaciones entre madres e hijas en las que ambas sufren esos mensajes sin que eso implique que el vínculo se dañe. Si necesitas ayuda para comprender qué hay detrás de la dinámica de tu vínculo madre-hija, la comunicación o contar con la ayuda de un profesional pueden arrojarte mucha luz para empezar a sanar.

9. ¿Seré capaz de complacerla alguna vez y ser la hija que ella espera que sea?

Estoy segura de que sí, y de que, en muchas ocasiones, ya has sido complaciente con ella, pero quizá ya no estás dispuesta a pagar el precio que supone renunciar a ti, a tu esencia, siendo la hija que ella espera que seas en vez de la que eres. En ese caso, sé consciente de que tu madre está atravesando un duelo similar al que te ha tocado vivir a ti: el de aceptar a la hija que tiene y no a la que desearía.

10. ¿Por qué a veces tengo la sensación de que un par de palabras amables pueden borrar cualquier malestar que me ha hecho o me sigue haciendo sentir?

Según la teoría del apego, estamos predispuestas a olvidar las experiencias traumáticas que nos generaron malestar con tal de salvar ese vínculo y seguir en conexión y cerca porque así mantenemos la puerta abierta a la posibilidad de recibir los cuidados y la atención que necesitamos para sobrevivir. Desde otros enfoques, esta realidad recibe el nombre de **«amnesia perversa»**, un mecanismo de protección ante nuestros recuerdos desagradables que solo nos permite recordar lo bonito y olvidar el abuso recibido, pues ¿qué tipo de relación tendríamos con nuestra madre si empezáramos a recordar también lo malo?

Como hemos comentado a lo largo del libro, es posible lograr la integración que nos permita traer al presente la mayor parte de nuestros recuerdos, sabiendo que ahora somos adultas para poder sostenerlos. Sin embargo, si estamos atrapadas en mantener la relación intacta y nos abruma el miedo a que cambie o no entendemos el origen de nuestro sentir, puede deberse a que nuestra mente sabe que todavía no es seguro recordar y cree conveniente asegurarse de que primero sintamos seguridad y tengamos las herramientas emocionales para enfrentarnos a un recuerdo que puede ser doloroso; de que tengamos el apoyo externo; de que sea el momento en que podremos gestionar el malestar en caso de que este aflore, etcétera.

Me hago cargo de que todas estas respuestas pueden hacer que parezca mucho más fácil de lo que es lidiar con estas situaciones en la práctica y de que estoy reduciendo cuestiones que se trabajan en muchas sesiones de terapia a un par de páginas, pero, en el fondo, **mi objetivo con ellas es que puedas asimilar mejor las ideas clave que han ido apareciendo a lo largo del libro**.

En muchas ocasiones, después de compartir alguna publicación en la que hablo sobre la familia en general o la relación materna en concreto, recibo mensajes en Instagram —algunos públicos y otros privados— que describen cómo esta reparación, de una forma u otra, se ha podido realizar:

«No ha sido fácil sanar la relación con mi madre. Al inicio estaba muy resentida con ella y hasta que no fui a terapia no fue posible, pero luego tuve la suerte de que ella quiso cambiar y construir conmigo».

«Todavía me duele ver que mi madre no me pregunta por mi vida ni siento que me escuche cuando le hablo de mí, aunque, al menos, al trabajarlo en terapia, recurro menos a ella y trato de que otras personas me apoyen. Supongo que en eso consiste cuidar a la niña que fui».

«Cuando me acerco a ella y fallo en el intento de salvar el vínculo, luego me siento destruida por la forma que tiene de tratarme. Siempre ha sido complicado, pero me da esperanza ver que es algo que puedo trabajar en terapia».

Ya lo hemos visto: sanar el vínculo cuando ha habido un daño emocional no significa perdonar necesariamente; muchas veces sanar implica seguir adelante pese a decidir no perdonar a la otra persona, y darnos cuenta de que no tuvimos culpa. **Sanar tiene que ver con reconciliarnos con las partes de nosotras que tuvimos que abandonar para que la relación con nuestra madre sobreviviera.** El perdón tiene que ver con estar en paz con nosotras mismas, y para cada una tiene un significado distinto.

La rabia nos permite poner límites, y soy una firme defensora de que la necesitamos a un volumen justo para que nos sea útil, porque todas las emociones tienen un papel. Sin embargo, cuando suena a un volumen demasiado alto, todavía nos ata: no es lo mismo dejar de odiar o de sentir rencor que perdonar. Aceptar que no podemos cambiar lo que ha pasado, y que nos afecta y duele, es maternarnos, darnos aquello que necesitamos y no tuvimos.

Aquí no hablamos de tu madre y de tu herida materna para juzgarla y señalarla como culpable, sino para que seas capaz de verte a ti con tus heridas y saber cómo acompañarte. Porque, aunque hubo un día que lo fue, tu madre ya no es la única fuente de la que puedes recibir amor. **Puedes suplir esa fuente e incluso ampliarla para darte a ti misma y que otros te den lo que no pudieron darte en el pasado.**

Espero que este enfoque te haya aportado esperanza y que, aunque no puedas cambiar a tu madre, puedas empezar a darte tú misma lo que te mereces.

10

SER LA ADULTA QUE NECESITASTE

> Querida mamá:
> aunque a veces pienso que todo habría sido más fácil con tu ayuda, el tiempo cuando te necesitaba para avanzar ya ha pasado. Ahora me tengo a mí.

Si has llegado hasta aquí, habrás visto hasta qué punto puede haber impactado en ti la figura de tu madre. No podemos negar que su presencia (o ausencia) ha dejado una huella en nuestro interior.

Sin embargo, aunque esto sea así, es el pasado. Como adulta, **tienes la oportunidad de tomar las riendas de tu vida y emprender por tu cuenta un camino de sanación**. Sé que hacerlo asusta. Cuando nos encontramos ante esta tesitura, a menudo nos decimos que no podremos hacerlo solas, creemos que nos falta esa base segura y que todavía no tenemos las herramientas para ofrecernos lo que merecemos. Pero ese miedo, natural, no implica que no puedas confiar en ti y, de hecho, es necesario para dar el primer paso.

Recuerdo que, durante una de nuestras últimas sesiones de terapia, tras un proceso de dos años, una mujer me dijo una frase que para mí resume a la perfección lo que intento decirte aquí: **«Ahora me toca usar la bicicleta sin los ruedines»**. Cuando la relación con nuestra madre ha provocado algunas grietas en la seguridad y esto ha generado malestar y heridas, cabe la posibilidad de que nos cueste detectar nuestra capacidad para pedalear sin la ayuda de los ruedines.

De hecho, el deseo de valernos por nosotras mismas, aun cuando no tengamos todas las herramientas y recursos para hacerlo, puede llevarnos a rechazar a personas que tratan de ofrecernos seguridad para acompañarnos en el camino, como puede ser una psicóloga.

> Antes de continuar leyendo, me gustaría avisarte de que este testimonio contiene una narrativa de autolesiones. Si quieres seguir, trata de que la curiosidad por continuar y el cuidado por hacerlo vayan de la mano, y puedas acompañarte como necesitas.

Silvia, de veintiocho años, trabajaba en un laboratorio y vivía con su pareja, con la que llevaba cerca de ocho años. Últimamente se sentía agotada, física y mentalmente a causa de su voz crítica, que no le daba tregua: «Todo lo haces mal», «Los demás son mejores que tú», o «Menudo desastre eres». Empezaba a estar asustada porque no sabía cómo frenar la situación: de adolescente, había tenido distintos episodios de conductas autolesivas y le daba miedo que, si no atendía la situación, se repitiesen.

Debido a su trabajo, en el que cada día la carga era diferente, no tenía una rutina «ordenada», y aunque entraba habitualmente a la misma hora, la de salida solía cambiar (de hecho, a veces salía muy tarde, casi de noche), y eso hacía que acabara desatendiéndose y que no disfrutara de tiempo para ella.

Sabía que necesitábamos seguir unos pasos, pero me centré en el vínculo consigo misma y en darle espacio para compartir toda su experiencia en la actualidad. Podría haberle dicho: «Silvia, sería buena idea que tuvieras un orden, una rutina para sentirte en calma y que te permitiera el autocuidado: meditar en algún momento del día, retomar el ejercicio y preparar tápers para la semana, para así evitar comer cualquier cosa o no comer durante dieciséis horas, como dices que a veces haces».

Sin embargo, al oír estas palabras, la reacción de Silvia podría haber sido pensar: «Genial, otra vez igual, no le interesa lo que le tengo que decir, ni cuánto me estoy esforzando para no hacerme daño». En ocasiones, cuando sentimos que hemos perdido el rumbo y que todo es un caos, puede que necesitemos cierta guía y que la instrucción esté presente. En ocasiones, cuando nos dicen: «Bueno, seguro que sabes qué hacer», nos sentimos aún más asustadas.

Lo cierto es que casi siempre sabemos qué es lo que nos conviene. La mayoría de las veces no necesitamos consejos sobre lo que tenemos que hacer o dejar de hacer, sino una escucha activa de alguien de fuera y una respuesta diferente, y eso fue lo que intenté hacer con Silvia.

Para ello, primero tenía que saber cuál había sido la respuesta original, así que, tras dejarla explicar con detalle cuál era la situación actual y el malestar que esta le originaba, le pedí viajar al pasado y le pregunté por sus episodios de autolesiones en la adolescencia y cuál había sido la reacción de su entorno al darse cuenta de la situación. Silvia me contó que siempre había sido una chica responsable y buena estudiante, y también muy autoexigente. Aunque había temporadas en las que se sentía más baja de ánimos, esto no había afectado nunca a su día a día ni sus responsabilidades. Nunca había parado del todo, sus rutinas siempre se habían mantenido bastante estables, y cuando había sentido que no podía más, su madre se había limitado a prepararle un horario semanal en el que incluyó momentos de autocuidado y bienestar, después de que le contara por primera vez que le costaba mucho salir de la cama por las mañanas y cumplir con todos sus deberes, extraescolares y compromisos sociales. Para ese momento de malestar, su madre le dio una solución y, con ello, Silvia aprendió la importancia de tener una rutina y mantenerse ocupada para tratar de sentirse bien, pero **nunca había estado acompañada para hacer frente a una autoexigencia muy dañina**.

Evidentemente, es muy importante realizar actividades que nos hagan sentir bien, sin embargo, en el caso de Silvia, nos dimos cuenta de que no sabía escucharse; se había limitado a «ejecutar», guiándose por el mensaje de lo que «debía hacer», siguiendo órdenes, pautas, rutinas, etcétera. Aunque, según su madre, eso era lo que Silvia necesitaba, lo cierto es que, sin la escucha de sus emociones más profundas y de su cuerpo, no había manera de saber si en realidad ese horario se ajustaba a sus necesidades. Incluso las salidas con sus amigos aparecían reflejadas en su calendario desde esa posición de «deber» y, cuando estaba con ellos, en lugar de centrarse en estar en el momento e intentar disfrutar de la compañía, su mente saltaba a la siguiente cosa que tenía que hacer. **Y Silvia estaba sin estar y seguía lidiando con una autoexigencia desmedida.**

Desde el modelo de trauma y el trabajo con las partes, entendemos las autolesiones como una especie de «conductas o partes protectoras» ante el dolor o la soledad que nacen desde el anhelo de sentir alguna emoción o desde la búsqueda de evitar sentir por completo. En el caso de Silvia, nacieron del deseo de sentir algo bueno que no encontraba en ninguna parte. Las actividades que le «debían» producir sensaciones agradables de disfrute, alivio, calma o seguridad no le hacían sentir absolutamente nada. Notaba un vacío y se limitaba a marcar el tic de la tarea cumplida.

Mantuvo en el tiempo esa manera de afrontar las situaciones, pero, años después, una parte se empezó a dar cuenta de que esa manera de funcionar ya no era para ella, y eso activó de nuevo la voz crítica. No sabía cómo salir de esta rueda, aunque se sentía cansada y no era sostenible mantener ese ritmo de tareas.

A su vez, descubrimos que **su madre también era una persona desconectada de sus emociones**, y eso le impedía conectar con las de su hija, además de ser muy autoexigente. La madre siempre había querido que Silvia no se diese cuenta de la realidad de sus emociones. Le quería trasladar una imagen de ella misma que no existía. Desde pequeña trataba de mostrarle otras emociones a Silvia que no eran las que ella sentía: «Cómo vas a estar cansada del colegio, si no has hecho nada, cariño. Cuando seas mayor, ya verás lo que vale un peine».

Así, cuando Silvia compartía con ella su malestar, su madre, que no sabía cómo ofrecer ayuda emocional, le ofrecía una ayuda práctica. El día que Silvia se sinceró con su madre, le contó cómo se sentía y le habló de las autolesiones, esta se asustó y cambió de tema. Quiso quitarle hierro al asunto, pero luego adoptó una actitud controladora para saber dónde estaba su hija en todo momento y evitar que su mente tuviera pensamientos oscuros. Lo que le ocurría a Silvia era demasiado para su madre: no lo podía sostener ni sostenerla, por lo que Silvia decidió sostenerse a sí misma, pese a que no estaba preparada para hacerlo de una manera sana, y siguió recurriendo a las autolesiones como una manera de acallar el dolor emocional causándose dolor físico.

Cuando la parte controladora y asustada de su madre se activaba, Silvia perdía a la madre segura y fiable y se veía obligada a renunciar a su necesidad de sentirse ayudada por alguien más adulta y con más experiencia que pudiera sostener lo que ella no podía. A mí me interesaba saber cuál fue la respuesta que hubo para **conocer cuáles eran aquellas necesidades que habían quedado descubiertas**. Muchas veces, lo que ocurre en la relación entre la terapeuta y la persona acompañada tiende a reflejar la relación original. Tenemos la oportunidad en consulta de reparar esa herida al hacerlo distinto. Al principio, Silvia trataba de no contarme toda la verdad de su dolor y sus pensamientos, queriendo protegerme a mí para que no me abrumase al conocer la situación, como había hecho en el pasado con su madre.

Después de un tiempo, Silvia me contó que no se había autolesionado en bastante tiempo, pero que había tenido ganas. Necesitaba sentir dolor físico porque el emocional, que estaba latente, era tan grande que una parte de ella creía que no lo podía sostener. De momento, estos eran pensamientos que hablaban de su malestar y, para mí, ya era algo que se debía atender, **pero**

me centré en mantener la calma: quise confiar en ella, le agradecí que me dijera eso, le pregunté si necesitaba decirlo o si había algo que quería hacer, si yo la podía ayudar a tomar alguna decisión con el trabajo o lo que fuera que le angustiara, le pregunté directamente qué necesitaba de mí. En suma, le ofrecí una respuesta distinta a lo que ella había recibido en su adolescencia de su principal figura de referencia: un silencio verbal acompañado de una hiperactivación conductual.

Cuando terminamos la sesión, acordamos vernos en una semana, nuestra frecuencia habitual, y aunque durante la semana no le escribí, sí le dije que, si ella lo necesitaba, podía hacerlo: **yo estaba ahí para lo que necesitara**. ¿Crees que Silvia se sintió segura con mi respuesta? Para nada: acostumbrada a la activación que había vivido con su madre, ella interpretó mi seguridad como un desinterés por lo que me había contado y por su sentir.

Eso me dolió un poquito, claro, pero fue una oportunidad maravillosa para poder hablar de ello, porque esta vez Silvia no se lo guardó. Una parte de ella estaba lista para compartir lo que durante tanto tiempo había permanecido bajo llave.

Durante las sesiones posteriores, las autolesiones siguieron presentes con mayor o menor frecuencia, hasta que, un día desaparecieron. Por supuesto, no fue por arte de magia ni tampoco fácil. Con el paso del tiempo y unas respuestas por mi parte que le brindaron la seguridad necesaria, construimos un vínculo profundo y Silvia adquirió la seguridad necesaria para enfrentarse a sus heridas emocionales.

Un día, nada más empezar la sesión, me dijo: «Marta, creo que ya sé lo que me ha pasado».

La conversación que siguió fue algo así:

Marta: A qué te refieres, ¿qué te ha pasado?

Silvia: Todo lo que te conté sobre mi madre, que sentía que su ayuda me agobiaba aún más y solo estaba ahí cuando yo estaba fatal...

Marta: Entiendo que te refieres a cuando le dijiste por primera vez que te autolesionabas y, después, cuando le contabas que tenías ganas de hacerlo o una vez lo habías hecho. Era en esos momentos en los que sentías que te agobiaba, ¿es así?

Silvia: Eso es, solo sabía estar a mi lado cuando yo estaba al límite...

Marta: Vaya, ¿y qué te hace pensar eso?

Silvia: El otro día le estaba contando a una amiga lo que me pasó en sesión contigo, que te había hablado de algo muy doloroso para mí y que tú te habías ofrecido para estar ahí si lo necesitaba... Y me di cuenta de que tú siempre me ves. Te das cuenta de que no he tenido una buena semana con solo llegar a la sesión, sin que tenga que decírtelo. Y si no te das cuenta y te lo digo, me escuchas... No sé, contigo no he necesitado hacer nada para que me veas.

Marta: Me alegra saber que te sientes vista. Ahora, dime, ¿crees que eso es lo que habría ayudado a la Silvia adolescente que luchaba constantemente con esa autoexigencia?

Silvia: Sí... Creo que necesitaba que me vieran siempre, pero no fue así... (en este punto, Silvia se emocionó).

Marta: ¿Cómo crees que podemos traer esta necesidad al presente?

Silvia: Creo que... que necesito ver mi cansancio. Nunca he parado y me da miedo hacerlo del todo. No sé siquiera si soy capaz de ello y creo que no lo sabré hasta que lo intente. De hecho, tampoco me lo puedo permitir económicamente, pero creo que me vendría bien aceptar la propuesta de la reducción de horas que me hizo mi coordinadora hace unos días. Al principio lo interpreté como una crítica: como que me estaba diciendo que no estaba trabajando lo suficiente y que me quería quitar de en medio.

Marta: Ya imagino. Es decir, al inicio apareció esa parte herida, pero parece que tu adulta la pudo recoger y traducir ese mensaje, ver lo que realmente te estaba diciendo. Y, de hecho, seguro que ahora le parece bien esa reducción, ¿verdad?

Silvia: Sí, aunque ahora, mientras te escuchaba hablar, he pensado en mi madre... Creo que, si le cuento lo de la reducción de jornada, se asustará porque verá que tendré más tiempo libre y empezará a controlarme pensando en que podría volver a las autolesiones...

Marta: Vale, sé que para ti es importante que tu madre esté al corriente de tu decisión. ¿Cómo sería para ti hablarle de tu decisión mostrándole la confianza en ti, diciéndole que necesitas un parón y que el hecho de tomarte este tiempo realmente es algo positivo?

Silvia: No lo sé, en realidad creo que nunca lo he hecho... Nunca le he dicho que necesito parar.

Marta: ¿Te parece si lo intentamos juntas? ¿Qué te gustaría decirle?

Silvia: Le voy a decir a mi madre que ahora tengo más recursos que antes, que he estado trabajando contigo en ello y que sé que puedo hacerlo.

Esta parte de mi trabajo es maravillosa: el hecho de poder ver cómo una persona que traía esos mensajes de crítica tan dañinos y no se veía capaz de enfrentarse a ellos es capaz de actualizar la información que tenía y verse con una mirada amable y cariñosa.

Silvia experimentó conmigo una relación terapéutica que le dio lo que tendría que haber experimentado con su madre en su día, cuando sentía que no la acompañaba como necesitaba y necesitaba ser vista, escuchada y acompañada. El vínculo que estableció conmigo la ayudó, además, a entender cuál es el proceso habitual cuando pedimos ayuda y alguien nos da una respuesta que no esperamos. Lo orgánico es poder enfadarse, exteriorizar ese malestar, necesitar un tiempo para permitirnos sentir esa rabia, la pérdida y la decepción de las necesidades no cubiertas y, a partir de ahí, empezar a construir de nuevo.

Reparar después de la ruptura para que la relación siga funcionando después de ajustarse y aceptar los cambios.

Como vemos en la historia de Silvia, el cambio más grande que experimentó fue interno porque ella ya sabía cuál iba a ser la respuesta de su madre: sabía que se iba a asustar e iba a intentar organizarle una rutina con la que dispusiera del menor tiempo libre posible para, así, «asegurarse» de que no podía pensar en su malestar. Y así fue; su respuesta inicial fue la misma de siempre, pero la forma en que Silvia se puso frente a su madre esta vez era distinta. **Se presentó ante ella como una adulta, no desde su parte niña.**

Colocarte frente a tu madre como adulta cuando hay malestar y quieres resolver una situación que provoca fricciones e incluso heridas no es sencillo, en absoluto. A veces incluso nos da vergüenza ocupar ese rol. Silvia, por ejemplo, decía que tenía miedo de mejorar, tanto en terapia como fuera de ella, porque eso suponía tener que hacerlo «sola»; es decir, suponía aceptar que ahora la persona adulta que podía acompañarla y se hacía cargo de su malestar era ella misma. Y esto la empoderaba y le daba vértigo a partes iguales.

Sé muy bien de lo que hablaba: las personas que experimentan trauma infantil siempre sueñan con que alguien acuda a salvarlas. La realidad es que ese alguien, habitualmente, suelen ser ellas mismas.

Cuando terminé el proceso terapéutico con Silvia, hicimos una sesión de despedida para honrar todo lo que aprendió durante la terapia y poner en valor aquello que necesita tomar en cuenta para que su día a día sea más satisfactorio. Desde hace un tiempo, cuando hago estas últimas sesiones, preparo una carta-resumen de despedida del proceso como un recuerdo con el que atesorar el tiempo juntas. Silvia también había preparado algo para mí: en su carta de despedida me decía que el resumen de su proceso en terapia era que, aunque su madre la había visto crecer, yo la había visto hacerse mayor, convertirse en la adulta que siempre había necesitado. Esto me tocó el corazón.

Habitar desde la adulta que somos supone crecer y, para algunas de las personas que lo desean, vivir etapas como la maternidad.

La madre que hay en ti

Tenía que dedicarle un espacio a este tema porque, aunque tengas decidido que no quieras tener hijos, es muy probable que en algún momento hayas pensado en el tipo de madre que tuviste y en el tipo de madre que querrías ser.

Cuando una mujer se enfrenta a la idea de la maternidad debe ser consciente de que su relación con las madres (como figura y como personas) va a cambiar. Si tu camino te ha llevado a la maternidad y puedes o decides compartir la experiencia con tu madre, la conocerás en una nueva faceta: la de abuela. **La verás en un rol distinto y nuevo, como tú, pero vuestras dinámicas madre-hija se mantendrán.**

Sé que hay mujeres que son madres y, aunque les gustaría, no pueden compartir esta etapa con la suya, bien por la ruptura en la relación o bien porque ya falleció. Si es tu caso, sé lo doloroso que puede ser convivir con el deseo y con la realidad.

Hay mujeres que, a raíz de su maternidad, han visto cómo la relación con su madre se ha estrechado al entenderla mejor a ella y sus decisiones, y otras que, al convertirse en madres, han entendido todavía menos su crianza y las decisiones que su madre tomó, lo cual ha acabado en un distanciamiento. También puede ocurrir que, aunque tú hayas tenido una infancia caracterizada por la ausencia emocional de tu madre, tu hija o hijo tenga una abuela cariñosa que se desvive por darle besos y abrazos.

Este contraste tan marcado a veces duele, trae nostalgia, desata envidia y abre una herida que creíamos cerrada o nos la descubre.

Compartir la experiencia de la maternidad con una madre con la que compartimos un vínculo que nos ha generado malestar puede ser una experiencia muy contradictoria. Albergas en ti diferentes roles, diferentes versiones de tu yo, y cabe la posibilidad de que, aunque no quieras incurrir en los mismos errores que cometieron contigo, repitas un patrón, como le pasaba a Lorena.

Lorena, de treinta y cuatro años, era madre de dos criaturas e hija mayor de una madre exigente y preocupada por hacer las cosas bien, por ser la madre «perfecta» y devota. Aunque no tenía la mejor relación con su madre, la que le hubiera gustado, compartían mucha vida juntas y se veían con frecuencia. Lorena quedaba a menudo a merendar con ella y sus hijas, y esos ratos eran una fuente de malestar para ella: su madre constantemente daba órdenes a sus hijas para que se comportaran bien, no hicieran ruido y se estuviesen quietas, y Lorena sufría, porque no quería que estos comentarios inhibieran a sus hijas, especialmente a la mayor, de cinco años, que ya era más autónoma y disfrutaba explorando. Aunque había crecido así, no quería que sus hijas vivieran lo mismo.

Ella solo quería pasar una tarde tranquila y libre de esas frases que ella había oído hasta la saciedad cuando pasaba tiempo con su madre. Durante su infancia, había recibido instrucciones constantes que la instaban a comportarse «bien». Aunque las órdenes habían disminuido mucho al convertirse en adulta, en el momento en que experimentó la maternidad y su madre se convirtió en abuela, los mandatos volvieron. Su madre no había cambiado, y Lorena no lo soportaba.

Cuando la abuela empezaba a darles órdenes a sus nietas, Lorena se enfadaba muchísimo con ella y explotaba diciéndole que parase de una vez, que su madre era ella. Tras una fuerte discusión y un cierto distanciamiento, un día que estaba con sus hijas en el parque se encontró a sí misma usando la voz de su madre. Esto la hizo sentirse muy confusa y culpable, y preguntarse: «¿Cómo puedo estar haciendo lo que sé que tanto molesta y tan mal me hizo sentir?».

En el fondo, pensaba que, si era ella quien se lo decía a sus hijas, su madre no les haría daño. Se decía: «Si les enseño a mis hijas cómo comportarse, mi madre no tendrá nada qué decir y no las criticará». Sin ser consciente, les pedía (en especial a su hija de cinco años) que se comportasen con su abuela de la misma manera que ella lo había hecho con su madre; creía que con esa forma de crianza les estaba ahorrando un sufrimiento.

Por mi experiencia en consulta, puedo asegurar que esto ocurre con frecuencia: cuando hay una herida con una figura como lo es nuestra madre, como madres a menudo pedimos a nuestras criaturas, personas que no forman parte de la dinámica disfuncional que nos hizo daño, que participen en ella, buscando protegerlas, curtirlas, para que no tengan que vivir lo que nosotras vivimos.

Sé que es difícil entender cómo es posible que si nuestra intención es proteger, el efecto que generemos sea justo el contrario. Lorena le pedía a su hija que fuese complaciente y siguiera las órdenes para no recibir críticas ni castigos y para asegurar el vínculo. Las estrategias que utilizamos de niñas para protegernos pueden limitarnos y herirnos hoy.

La perpetuación de la dinámica disfuncional que se había establecido con su madre en la infancia había llevado a Lorena a desarrollar una lealtad total e inconsciente con la que protegía como adulta una herida de apego de su niña interior. Gracias a la terapia, Lorena entendió que a quien estaba protegiendo de su madre era a su niña interior. **Si era una niña obediente, no había lugar para el juicio y la crítica.**

Liberar la mochila de Lorena nos ayudó a que pudiera recolocarse como hija en su sistema familiar y asumir su nuevo rol; a sostener la incomodidad de saber que, aunque ella la conoce muy bien y sabe exactamente qué comportamiento de sus hijas es el que desaprueba, tiene la opción de respirar profundamente, reflexionar sobre si esa actitud o comportamiento a ella, como a su madre, le molesta realmente y decidir cómo quiere abordarlo.

Si tuviéramos que reflejar lo que le ocurría a Lorena en una imagen, la veríamos todavía mirando a su madre de frente, como cuando era niña, y dando la espalda a sus hijas cuando lo que necesitaba era mirarlas a ellas. El enfoque de la terapia sistémica defiende que, cuando llega una nueva generación, debemos dejar de mirar atrás para poder mirar hacia delante, y eso para Lorena fue más difícil de lo que parece. Finalmente logró mirar la mayoría del tiempo hacia delante y, si tenía que escoger en algún momento, protegía a su hija en vez de a su madre.

El trabajo consistió en que Lorena dejara de pensar en cómo afectarían los comportamientos de sus hijas a su madre, para centrar su atención en cómo les afectaban a sus pequeñas las mismas órdenes y críticas que ella había recibido en su infancia. Conseguirlo supuso un hito importante en su terapia y en su vida: le permitió maternarse, darse aquello que necesitaba, como mujer adulta y, luego, como madre en la crianza de sus hijas.

Ser o no ser madre

Hace un tiempo participé en una encuesta de Andrea Rueda, psicóloga perinatal, para una investigación con el nombre «Ser o no madre», que buscaba arrojar luz sobre el hecho de querer ser madre, de lo que nos han dicho que se asemeja a una llamada de la naturaleza salvaje (lo cierto es que muchas veces esta llamada acaba siendo un conjunto de distintos motivos que conforman la decisión, pero eso daría para otro libro). Sin embargo, lo que está claro es que **el deseo debe estar presente en la decisión**. Y esto, aunque pueda parecer obvio, es algo de lo que las mujeres muchas veces no han gozado.

Algunas de las conclusiones del estudio eran que, para tomar la decisión, las mujeres necesitaban información y saber cómo lo hacían otras y no sentir soledad, o para sentirse menos perdidas. Si preguntáramos a nuestras madres, la mayoría quizá no tuvieron el espacio que ahora tenemos nosotras para reflexionar y hacerse preguntas.

Con esto no digo que, si hubiera existido ese espacio, su decisión hubiera sido distinta, sino que quizá con más apertura a la duda, teniendo toda la información disponible para una decisión más libre, la integración del deseo de ser madre y la renuncia de serlo hubiera sido más sencilla.

En la encuesta, dependiendo de si la respuesta era «sí» o «no», las cuestiones iban cambiando, pero las preguntas iniciales eran iguales para todas las participantes. Una de ellas era: «Si has decidido ser o si has decidido no ser madre, ¿cuáles son tus motivos para ello?».

Debajo de esta pregunta, aparecían unas diez afirmaciones para ayudar a las encuestadas a explorar ese aspecto. A mí especialmente me llamaron la atención las que comparto aquí:

A favor de ser madre:

- Sentirme capaz de criar a alguien.
- Por el interés en cuidar y maternar a alguien.
- Porque temo arrepentirme de no serlo.
- Por el vínculo de amor incondicional.
- Por revertir mi experiencia como hija.

A favor de no ser madre:

- Miedo a no ser capaz de criar.
- Sensación de pérdida de independencia y de tiempo de ocio.
- Motivos profesionales.
- Dificultades clínicas o económicas.
- Mala relación con mi madre o padre.

Aunque en el momento en que escribo este apartado todavía no se han publicado las conclusiones del estudio, Andrea compartió conmigo datos interesantes. Por ejemplo, en el caso de aquellas mujeres que eran madres o sabían que querían serlo, el 8,5 por ciento hablaron de que uno de sus motivos para querer experimentar la maternidad era «revertir su experiencia como hija», mientras que el 5,4 por ciento de este mismo grupo valoraban tener una mala relación con su madre o padre como un motivo para decidir no serlo. Entre las mujeres que no eran madres y que no querían serlo, un 13,1 por ciento hablaron de que uno de los motivos que les hacían valorar el hecho de querer experimentar la maternidad era la búsqueda de hacerlo distinto.

Decidir ser (o no ser) madre no implica que, tras tu decisión, exista un componente emocional traumático inconsciente. Con estos datos simplemente quiero trasladarte la importancia de la crianza que has recibido en tu decisión. La experiencia que hemos vivido como hijas, así como el impacto de las malas experiencias, es algo que nos condiciona a la hora de decidir ser o no madres.

Esto me hace pensar en Paula, una joven de veintidós años recién salida de la carrera de Enfermería. Me conoció por Instagram y, para lo joven que era, me habló de ella como si llevase años estudiándose y conociéndose en profundidad. Paula vino a mí porque estaba muy asustada por las publicaciones divulgativas que había leído en muchas de las cuentas de psicología que seguía, entre ellas la mía. Me dijo que «no quería pasarles los traumas a sus futuros hijos».

Paula no tenía una relación con nadie y no había decidido si quería ser madre siquiera, pero en su cabeza rondaba ese miedo y decidió «cortar la cadena», como me decía. La realidad no era tan fácil.

Le expliqué que lo que podíamos hacer era rebajar y descargar esa mochila de experiencias traumáticas que llevaba encima; primero, para que se sintiera más liviana y, luego, por si algún día decidía ser madre. Le dije que no le podía asegurar que, llegado el momento, no fuera a transmitirle traumas a su descendencia.

No sabemos de qué manera los aprendizajes van a aparecer en la generación siguiente, ni cómo va a ser la personalidad de tu criatura para anticipar qué comportamientos tendrás tú al criar. Además, en terapia necesitamos trabajar con la realidad y no con un supuesto, porque, de lo contrario, lo que estamos haciendo es tratar de controlar lo que va a suceder y esto, querida mía, no es posible. Otra cosa muy diferente, y en esto nos centramos en el caso de Paula, es ver cómo reparar la relación contigo para que ello esté presente en relaciones presentes y futuras.

Otro tema que veo mucho en consulta es el de la muerte de una figura materna. Muchas veces, mujeres que acuden a mí vienen con la petición de que quieren trabajar la pérdida de su madre o de su abuela. Les pregunto: «Vale, ¿cuándo ocurrió? ¿Qué pasó?» , con el fin de valorar si soy la persona indicada para el acompañamiento. A menudo me encuentro con que me responden que no, que todavía no ha muerto, pero les preocupa que llegue el momento y no estén preparadas. **Esta frase la podría haber dicho yo, lo confieso.**

Hablo también de las abuelas, porque para muchas mujeres que acompaño las abuelas han ocupado un rol que no les correspondía.

Hace poco, Marta García, psicóloga y psicoterapeuta, hablando de la vejez de su perrita Dana, escribió: «No hay forma de prepararse para el dolor que supone la pérdida porque no hay forma de escapar del amor», y no puedo estar más de acuerdo.

Crecer implica que las madres (y las abuelas) también lo hagan, y eso nos acerca a pensar en cuando no estén y en su pérdida. Si eso ocurre, la muerte no solo implica perder a una persona querida, sino perder la sensación de una conexión auténtica; perder esa mirada que has sentido que te ve y te quiere incondicionalmente; dejar de recibir esos cuidados, esos abrazos, esas llamadas... De hecho, es habitual que, al experimentar una pérdida de un ser querido importante para nosotras, volvamos a conectar con otras pérdidas que tal vez no hemos transitado y reparado, como le ocurrió a Carolina, una mujer de treinta y nueve años que vino a verme para trabajar en su relación de pareja.

Tenía una relación desde hacía ocho años y acudió a terapia porque se sentía muy insegura en el vínculo. Llevaban juntos desde la adolescencia y en esos años no se habían separado, pero habían sufrido muchas rupturas de la confianza que no se habían reparado: mentiras, ausencias, control, infidelidades no confirmadas... Carolina estaba en constante contacto con el abandono y la pérdida.

Recuerdo que, en una de nuestras sesiones, la vi bastante alterada y cuando le pregunté me contó que su abuela materna estaba ingresada en el hospital. Aunque no pintaba bien, se mantenía estable y llevaba varias semanas en observación. Me dijo: «Me da mucha rabia, y no me siento bien. A veces pienso que no sé para qué he venido a este mundo, que no vale la pena tener estas relaciones si luego se van a ir».

Para ella, su abuela había sido su madre y no estaba dispuesta a aceptar el hecho de que su abuela se iría en algún momento. La madre de Carolina la tuvo muy joven y había sido su abuela quien la había criado. Y aunque la relación con su madre era buena, Carolina sentía que no tenían un vínculo madre-hija.

Las pérdidas para Carolina siempre habían sido muy difíciles de gestionar. No había podido llorarlas como necesitaba en su infancia y, aunque su abuela siempre había estado ahí para ella, nunca había sido capaz de relatar la experiencia de abandono que había experimentado con su madre frente a su familia, y más ahora que tenían una «buena» relación a pesar de todo. Por ello, Carolina llevaba una mochila con una cantidad muy grande de duelos sin integrar, así que cuando parecía que su mochila podía pesar más, se enfadaba y se negaba a aceptar lo que ocurría.

En el fondo, yo veía a una pequeña Carolina que tenía miedo, pero lo que ella me mostraba era una mujer enfadada que no quería hablar del tema; enfadada con los médicos, que no hacían lo suficiente; enfadada con su abuela, que no se había cuidado del frío; enfadada con su madre, que nunca se había responsabilizado ni preocupado por ella. Cuanto más asustada estaba, más escondía su tristeza. A partir de nuestro diálogo, juntas conseguimos ayudarla a entenderse y sentirse mejor.

La muerte, aunque natural, nos remueve mucho. Además, cuando, en la actualidad, no tenemos contacto con nuestra madre o la relación no es tan buena como nos gustaría, nos asusta pensar que algún día se hará mayor y no estará aquí para reparar el vínculo y, entonces, nos preguntamos si deberíamos hacer algo o no. **Si tú, que estás leyéndome, te estás haciendo esa misma pregunta, te abrazo.**

Siento decirte que no hay una respuesta «correcta» para una pregunta así. Tomar decisiones es asumir riesgos y renunciar, así que muchas veces decidir si intentamos o no reparar las heridas y reajustar el vínculo es decidir sabiendo que existe la posibilidad de que tengamos que elegir una opción y, por lo tanto, decir «adiós» a otra.

EJERCICIO

A lo largo de este libro hemos visto que existen muchas relaciones madre-hija, todas ellas muy diferentes y, al mismo tiempo, similares. Piensa en tu vínculo con tu madre y qué supone intentar repararlo o no. ¿Te sientes reflejada en alguna de estas afirmaciones?

- «Voy a ver a mi madre, aunque eso suponga que sea igual de fría y distante conmigo, y si el día de mañana no está, me aliviará pensar que estuve ahí».
- «Voy a ver a mi madre, aunque eso suponga que no haya cambiado y que sea igual de fría y distante conmigo. Aunque el día de mañana no esté y piense en si hice bien estando a su lado sabiendo que tal vez ella no habría hecho lo mismo por mí».
- «No voy a ver a mi madre, aunque eso suponga sentirme culpable ahora, pero debo reconocer que, el día que no esté, habrá una parte de mí que se quede aliviada».

- «No voy a ver a mi madre, aunque, si se muere, pensaré en que debería haber intentado tener un mejor final para nuestra relación».
- «No voy a ver a mi madre, aunque eso suponga tener que lidiar con comentarios de gente que me dice que me arrepentiré».
- «No voy a ver a mi madre, aunque eso suponga que tenga que lidiar con mi sensación de culpa por no sentir amor hacia ella».

Volviendo a la historia de Carolina, la posible pérdida de su abuela la llevó a enfrentarse a la ausencia emocional de su madre y a preguntarse si debía hacer algo por reparar sus heridas y reajustar su vínculo. Ante un dilema así, no existe una única opción correcta. Ya lo sabes: lo correcto es escucharte a ti, sea cual sea tu decisión, y sobre todo, abrazarte al tomarla.

Tras muchas sesiones ahondando en su relación con su madre, para ambas quedó claro que Carolina no podía forzarse a sentir un amor o una cercanía que no sentía. Evidentemente, apreciaba a su madre y no le deseaba nada malo, pero era una relación por la que no se iba a esforzar. Era buena y no había conflicto, pero tampoco era un vínculo profundo. Decidió asumir el duelo por la pérdida de su madre y que su abuela fue la figura que la acompañó emocionalmente durante toda su vida.

Antes de terminar de escribir este último capítulo, estaba repasando todas las cosas que te he dicho hasta ahora y he pensado que, viendo experiencias como las que he relatado a lo largo del libro, ser adulta muchas veces podría definirse como

(intentar) aprender a lidiar con la frustración. Todas estas historias son, a fin de cuentas, la expresión de una incomodidad en la que las personas que la sufrían necesitaban ayuda. A veces conseguiremos regresar a la calma solas, otras veces lo lograremos acompañadas, pero el hecho de volver a la calma no implica que la incomodidad desaparezca del todo.

Según el médico y escritor canadiense Gabor Maté (2011), todos los seres humanos tenemos dos necesidades básicas:

- La necesidad de apego (o de conectar con otros)
- La necesidad de ser auténticos (saber lo que sentimos y poder expresar lo que somos)

Durante la infancia, y en la relación con nuestra madre, en muchas ocasiones tenemos que elegir entre estas dos opciones, y ahora que has llegado hasta aquí sabrás que habitualmente preferimos renunciar a nuestra autenticidad que al vínculo con nuestra madre, porque es la seguridad que conocemos.

Cuando nos embarcamos en un proceso de sanación de nuestra herida materna, en realidad el trabajo consiste esencialmente en reconocer a la persona que fuimos, sabiendo cuáles fueron las renuncias a la autenticidad (es decir, a qué parte de nosotras renunciamos) para mantener el vínculo con nuestra madre y cuáles son las necesidades que quedaron más descubiertas (y que, probablemente, todavía lo están) para hacernos cargo ahora de ellas como adultas que pueden encargarse de esa ardua y agradecida labor.

Aunque ya sabes que esto va de escucha y de necesidades únicas e individuales, a veces necesitamos tener algunos indicios del camino y saber cuáles son las necesidades emocionales que pueden hacernos sentir que nos estamos haciendo cargo como adultas. Para ello, me gusta hablar de las cinco necesidades emocionales que planteó el psicólogo estadounidense Jeffrey E. Young en la terapia de esquemas, una teoría integradora que también incluye la teoría del apego y que para mí es una base desde la que trabajo en consulta:

- **Afecto:** ¿Quieres mimos, abrazos, atención? ¿Cómo los pides? ¿Quién te los puede ofrecer?
- **Autonomía y sentido de la identidad:** ¿Necesitas más rato a solas?
- **Libertad para necesidades y emociones válidas:** ¿Estás diciendo lo que necesitas? ¿Has tomado la decisión escuchándote?
- **Espontaneidad y juego:** ¿Cuánto hace que no tienes un momento de disfrute para ti?
- **Límites realistas y autocontrol:** ¿Necesitas poner límites a los demás o a ti misma?

Cuando atendemos necesidades, lo ideal sería que no las pospusiéramos, pero hay veces que no es tan sencillo parar nuestra vida, así que me conformo con que tomes conciencia de ellas y que, si las pospones, no lo hagas indefinidamente, con el fin de retomarlas en el espacio y el momento que mejor se ajuste a tu realidad y puedas intentar satisfacerte como necesitas.

Desde el enfoque de la terapia de IFS hay ocho cualidades que nos ayudan a saber si estamos tratándonos desde la adulta y para ver qué aspectos debemos cultivar más: confianza, coraje, curiosidad, compasión, conexión, claridad, creatividad y calma.

En mi proceso en terapia, por ejemplo, fue clave que la compasión estuviera más presente en la adulta que soy y que quería ser:

ser compasivas con nosotras mismas es un punto clave en toda relación, puede tomar diferentes formas y reflejarse en mensajes validantes como estos:

- «Sé que es difícil, veo que te cuesta, pero confío en ti».
- «Puedes equivocarte, no tienes que hacerlo todo perfecto ni a la primera, date el permiso de aprender».
- «Confío en ti y en tu poder para sostener esto».
- «Sé que te equivocaste y que ahora lo harías distinto, pero entonces no sabías lo que ahora sabes».
- «El dolor que sientes pasará, y también volverá. Y cuando eso ocurra encontrarás la manera de navegarlo».
- «Evitar el malestar hace que te alejes de ti. Toma aire y trata de integrar esto que hay ahora».
- «Es fácil criticarte al conocer el resultado de la decisión, pero no lo sabías, tú decidiste y has demostrado una gran valentía al hacerlo».

Ser compasiva es saber que hay algo que nos duele y acompañarnos, en los mejores y en los peores momentos, los que más cuestan sin duda. Vuelve a estas frases y usa mi voz cuando lo necesites, hasta que salga de ti.

Saber que ahora tú puedes aprender a hablarte así, a acompañarte de esta forma y a darte la mano, es un soplo de aire que te ayudará a sanar.

Y ojalá que, después de haber leído estas páginas, te permitas sentir el dolor que hay en ti, ese malestar que es incómodo y te avisa de un compromiso pendiente: el de abrazarte y ofrecerte el amor que nunca debiste sentir que te faltaba o que no merecías. Y, sobre todo, mira hacia delante.

EPÍLOGO

QUERIDA TÚ

> «Aquello que para la oruga es el fin del mundo, para el resto del mundo se llama mariposa».
> Lao-Tsé

Esta carta no es para tu madre, es para ti. Ya ha pasado un tiempo desde que iniciamos este camino juntas. Al principio de este libro te dije que no ibas a encontrar soluciones y que tampoco te iba a dar instrucciones sobre qué hacer con tu madre. No estoy aquí para decirte qué hacer, no voy a pedirte que cortes todo vínculo con tu madre, que establezcas la ley del contacto cero, ni tampoco que la perdones y te reconcilies. Aun así, espero sinceramente que estas páginas te hayan podido aportar una pizca de esperanza y sanación allá donde la necesitaras.

Creo que, si tienes este libro en tus manos, era necesario que pudiéramos volver a ti y poner el foco en tu sentir, en tus emociones y sensaciones en relación con tu madre, sin darte consejos vacíos o innecesarios ni establecer metas a las que llegar, que, sinceramente, no creo que te permitan encontrar **la calma que mereces sentir**.

> Por todas partes —en redes, en la prensa, en libros como este— nos hablan mucho de soltar. Pero soltar nos asusta, y es normal.

Esto es algo que le ocurría a Cristina, de veintidós años. Cristina vino a terapia porque la convivencia con su madre era tremendamente difícil, y para entender qué grado de dificultad existía, le propuse que me describiera la relación con una imagen. Se sentía suspendida en una cuerda floja, que ya estaba casi deshilachada, pero que no se rompía del todo porque, haciendo siempre lo que su madre le pedía, la reparaba temporalmente para evitar sus posibles y habituales reacciones de enfado, ira o rabia.

Imagina que yo le hubiera dicho que lo que debía hacer era soltar la cuerda, porque sostenerla le estaba haciendo daño y era consciente de ello. Al hacer una petición como esta, lo que realmente estoy haciendo es pedir que abandone por completo la posibilidad de que su madre pueda convertirse algún día en la persona que ella necesita, que deje de intentar que la relación sea la que ella espera o acepte. **Abandonar esta esperanza es algo que remueve muchas cosas y que nos asusta.**

Es natural que nos aferremos tanto a esa conexión, por precaria y dañina que pueda ser para nosotras. Hubo una vez en que soltar la cuerda significaba saltar al vacío sin nada que frenase la caída. Cuando éramos pequeñas, soltar y dejar de intentar salvar el vínculo, no realizar ningún intento de conexión con nuestra madre y perder la esperanza en esta relación significaba el fin del mundo tal y como lo conocíamos, como le ocurre a la oruga que, al caer de lo alto de un árbol, no es capaz de frenar la caída.

Pero, como hemos visto juntas, aunque muchas veces pensamos que «soltar» es dejar el vínculo, despedirse de esa figura materna que forma parte de nuestra historia, lo que yo te propongo es **soltar solo aquello que te duela**.

Soltar implica lidiar con el malestar de asumir la pérdida y renunciar a aquello que no pudo ser y que querías que fuese. Dejar ir lo que te duele también implica que te duela dejarlo ir, no hay un atajo para no sentir todo lo que una experiencia así implica.

> Soltar significa afrontar el miedo a la incertidumbre, confiar en tus recursos para sostenerte por ti misma y construir en ti aquello que necesitaste.

Quizá eso que duele no es la relación y lo que ocurre en el presente, sino la expectativa de relación que hace tiempo albergas en tu interior; soltar no es darse por vencida, sino dar el espacio para que puedan venir otras cosas que te hagan sentir más llena en el vínculo.

Tal vez puedes hacer las paces con la idea de ir a comer con tu madre los domingos y disfrutar de una conversación y una comida juntas, sabiendo que es posible que ella no hable desde sus emociones porque nunca lo ha hecho. La diferencia es que, al hacer las paces contigo misma, irás sin desear que lo haga y sin esperar que ella valide, acepte o entienda tus decisiones, o, al menos, ese deseo de tener la relación ideal no te generará un dolor tan intenso y, poco a poco, podrás sostenerlo.

Por eso, en el caso de Cristina, para que viera que su madre ya no era la encargada de su bienestar, le dije: «¿Qué te parecería si pudiera mostrarte que hay dentro de ti una Cristina adulta que es capaz de estar a tu lado y amarte como te mereces? ¿Te interesaría conocerla?».

Cuando hablamos de heridas maternas, **seguimos relacionándonos en el vínculo madre-hija desde nuestra niña interior**, aquella parte más vulnerable que carga con las heridas de la infancia, y no conocemos a nuestra yo adulta: seguimos reproduciendo los patrones que conocemos y que hemos interiorizado.

Esa niña que hay en ti necesita soltar la mano de la madre, para dártela a ti. Ahora eres tú quien la acompaña y, si te está costando cogerle la mano, quizá necesites primero dársela a alguien, como puede ser un profesional, que te ayude a descubrir la forma de hacerlo.

No creas que dar este paso viene sin miedo, sin esfuerzo, sin dolor. Desde el inicio de este libro te he dicho que tenemos que convivir con la contradicción y la ambivalencia. Es algo que tiene que ocurrir para que se sanen las heridas. Si alguien te promete hacer todo esto ahorrándote la otra cara de la moneda, déjame decirte que se trata de una promesa de un cambio sin garantías: no hablan de algo que sea sostenible para ti, sino más bien de algo temporal que no atiende a tus ritmos ni tu momento vital, que no conoce tus apoyos reales de estar preparada para soltar y que, cuando te des cuenta, estarás intentando llegar a un destino que no existe y que te mantiene dando vueltas como si fueras un hámster en una rueda.

Quizá hay una parte de ti que dice «por fin» y otra que llora por haber dejado de intentarlo.

Quizá hay una parte de ti que dice «no, por favor» y otra que necesita hacerlo para sentirse mejor.

Quizá hay una parte de ti que dice «inténtalo de nuevo» y otra que está cansada de intentarlo.

Quizá hay una parte de ti que dice «se acabó» y otra que tiene miedo de que se acabe.

Hacer el trabajo de reparación del vínculo con tu madre significa ver cuán segura estaba tu niña interior a su lado, y tu adolescente, y tu adulta joven y la persona que eres hoy, y ver que quizá eso ha podido tener un impacto en otras facetas de tu vida.

En la relación con tu madre conviven todas tus versiones: el yo niña, el yo adolescente, el yo adulta) y también las suyas. Los cambios de etapa están sujetos a cambios inevitablemente y eso, en la mayoría de las ocasiones, nos genera malestar por la propia incertidumbre que trae. Nos cuesta confiar y tratamos de controlar los cambios.

Si estuviéramos en una sala y pidiera levantar la mano a aquellas personas que en una o en más de una ocasión han pensado que querían ir al pasado o ver el futuro para saber qué fue lo que ocurrió para que la situación actual sea la que es, o saber qué sucederá con su madre, y si la relación sufrirá algún cambio, a casi todas nos darían agujetas de quedarnos con la mano levantada.

Soy consciente de que la búsqueda de respuestas nos habla de lo importante que es para nosotras este tema y lo mucho que deseamos encontrar la paz. Cuando buscamos esas respuestas, tratamos de dar con una solución a un problema para saber cómo resolverlo. Aun así, el vínculo no es algo que se «resuelva», no es un problema matemático, sino una interacción que puede cambiar a lo largo del tiempo, y está en nuestra mano actualizar las dinámicas que se necesitan cambiar para sentirnos mejor y saber cómo volver a encontrar esa paz cuando la perdamos.

Mi intención con este libro ha sido darte la mano en este proceso, decirte que no estás sola, que a todas nos atraviesa de una u otra forma la relación con nuestra madre y que, aunque consideremos que la relación sea buena, siempre hay cosas que se necesitan ajustar, porque crecemos y nuestras necesidades cambian, y lo que ayer nos gustaba, hoy nos molesta, y lo que ayer nos molestaba, hoy nos encanta.

Todas en algún momento hemos dicho: «Yo nunca lo haré», «Seguro que yo no seré así». Abrirte a explorar y a querer atravesar todas estas etapas supone que, de entrada, tu relación se vea expuesta a cambios.

Para este epílogo y final de camino juntas quería traerte la esperanza de la transformación. Quiero recordarte que lo único estable y constante es el cambio, y mira que esto me da rabia a mí, con lo que me gusta la tranquilidad y la estabilidad, pero la vida es así, y tomar conciencia de esto es esencial para avanzar hacia la calma y la sanación.

Por lo general, hablamos poco de la esperanza. Es un estado de ánimo de carácter optimista que en muchas ocasiones nos sostiene ansiando el deseo de que las cosas van a salir bien y a mejorar y, aunque no nos garantiza que eso ocurra, nos habla de la posibilidad del cambio y de lo reversible que puede ser una situación.

Cuando de pequeñas o de adultas nos están sucediendo cosas desagradables, y queremos que dejen de ocurrir, lo que nos consuela a menudo es pensar en su duración, pensar que este bache es temporal, que no será para siempre y que en algún momento pasará, es decir, pensar en que puede cambiar.

Apuesto a que hay cosas que hace cinco años creías que no cambiarían y han cambiado. Y ya no te digo si hablamos de diez o quince años. Seguramente cuando estabas en el colegio creías que esos amigos serían para toda la vida, y hay algunos que tal vez conserves y otros no, y quizá no ha pasado nada más que la vida, que ahora os lleva por caminos distintos. Ese momento de cambio natural puede traer dolor y la necesidad de adaptarte a ello.

Los vínculos necesitan de tu atención. En el vínculo con tu madre puedes llevar algunas heridas; según tu historia, algunas pesan más que otras, algunas tienes la necesidad de descargarlas con fuerza y otras las has convertido en cicatriz con el tiempo y con tu cuidado. Aun así, estás expuesta a cambios, pues no es lo mismo relacionarte con una madre que trabaja que con una que está jubilada. Las necesidades pueden variar en ese cambio.

Por eso mismo, por los propios cambios que conlleva el paso del tiempo, te digo: no trates de evitarlos, no intentes hacerlo perfecto, saberlo todo y no equivocarte. No pongas tu vida en pausa esperando que la relación con tu madre esté completamente reparada.

Puedes estar avanzando en reparar el vínculo con tu madre a la vez que:

- Puedes sentir incomodidad y no experimentar siempre comodidad.
- Puedes reaccionar y estar a la defensiva en alguna ocasión.
- Pueden aparecer antiguos patrones y formas de relacionarte que ya desaprendiste.
- Puedes sentirte herida por sus acciones y comportamientos.
- Puedes recordar escenas desagradables y no olvidarte de ellas.
- Puedes juzgarte por algo que has dicho o has hecho.
- Puedes tener dudas, equivocarte o no saber qué camino tomar.
- Puedes no haber resuelto todos tus asuntos pendientes.

La sanación de la herida materna es algo que, cuando lo ves por primera vez, ya no puedes dejar de verlo. Por eso, te recomiendo que lo veas, pero sin que lo estés mirando siempre.

Cada día interaccionas y te ves expuesta a situaciones que suceden en los vínculos; algunas veces te sentirás más confiada que otras, pero estás en ello, no tengas prisa, trata de imaginarte como una calle bonita de la que no ves el final. Notas el calor de una mano que toma la tuya para seguir caminando, luego la sueltas para acariciar un perro con pelaje suave y con olor a champú de avena... Trata de imaginarte recorriendo ese camino, con mariposas que revolotean a tu alrededor, con agua, con lluvia o con nieve. Trata de sentir que te sostienes al andar, que tu pisada es firme, seguro que a tu yo niña le encantaría saber que sigues de pie, a veces caminando, a veces tomando aire para continuar.

Así que hazte esta pregunta: ¿dónde necesito que este cambio se produzca?

Quizá necesitas saber si ese dolor se irá.

Quizá necesites saber si ella cambiará.

Quizá necesites saber si dejarás de sentirte así.

Quizá necesites saber si vuestra relación podrá ser distinta.

El deseo de cambio te ayuda a saber en qué punto estás y cuáles son los puntos en los que necesitas profundizar.

Desde que empezamos este camino juntas te he contado muchas cosas, algunas difíciles de «digerir». Ahora que has terminado, date el espacio para explorar dónde estabas al inicio, dónde estás en este momento, y dónde quieres poner el foco de ahora en adelante.

No me gusta prometer cosas que no puedo cumplir, trato de no pillarme los dedos, porque prefiero la realidad y no las falsas esperanzas. No hay nada que haga que los cambios que más miedo te pueden dar ahora dejen de hacerlo, pero sí marcará la diferencia saber que ahora en ese miedo te puedes dar la mano. Saber que tú eres la adulta, y que ya nunca más estarás sola.

Este libro no termina con promesas, sino con el deseo de que estas páginas te den lo que tengan que darte para que encuentres un camino que no sea siempre el del dolor. Habrá momentos en los que asumir la herida materna, y lo que ello conlleva, será pesado y otras veces más ligero; es algo natural, pero en cualquiera de estos momentos puedes estar convencida de que, aunque existan tropiezos y obstáculos, seguirás avanzando porque eres oruga y mariposa a la vez.

Tu cuerpo puede saber de heridas, pero también de aprender a sanarlas.

EJERCICIO

Llevas tiempo leyendo cartas al inicio de cada capítulo, creo que ha llegado el momento de escribir la tuya.

Déjate sentir qué es lo que necesitas expresar, fíjate en qué momento las palabras salen a borbotones y cuáles te cuesta pronunciar, qué no has dicho nunca, cuáles son las que no quieres seguir llevando dentro, cuáles son las que tu niña necesita escuchar.

No tengas prisa, tienes todo el tiempo del mundo para volver a ella.

....

....

....

....

....

....

....

....

....

....

....

....

....

....

....

....

....

BIBLIOGRAFÍA

Ainsworth, M. D. S., M. C. Blehar, E. Waters y S. Wall, *Patterns of Attachment: A Psychological Study of the Strange Situation,* Lawrence Erlbaum, 1978.

Anderson, F. G., *Trascender el trauma. Tratamiento del TEPT complejo mediante la terapia sistemas de familia interna*, Eleftheria, 2022.

—, M. Sweezy y R. C. Schwartz, *Sistemas de familia interna. Manual de habilidades (IFS),* Eleftheria, 2019.

Bergman, N., K. Ressler y J. Smoller, «Impact of Stress on the Brain: Pathology, Treatment and Prevention», *Neuropsychopharmacol*, 41(1-2), 2016, <https://doi.org/10.1038/npp.2015.306>.

Berne, E., *Juegos en que participamos. La psicología de las relaciones humanas*, Gaia, 2022.

Bowers, M. E., y R. Yehuda, «Intergenerational Transmission of Stress in Humans», *Neuropsychopharmacology*, 41(1), enero de 2016, pp. 232-244, <10.1038/npp.2015.247. Epub 2015 Aug 17. PMID: 26279078; PMCID: PMC4677138>.

Bowlby, J., *El apego. El apego y la pérdida,* Paidós, 2023.

Bucay, J., *El elefante encadenado. Una parábola tradicional,* Océano Travesía, 2015.

Cazurro, B. *Los hijos que fuimos, los padres que somos. Cómo acercarnos a nuestra infancia para conectar mejor con nuestros hijos e hijas*, Planeta, 2022.

Chapman, G., *Los cinco lenguajes del amor. El secreto del amor que perdura,* Unilit, 2017.

Cori, J. L., *La madre emocionalmente ausente. Cómo reconocer y sanar los efectos invisibles del abandono emocional infantil,* Sirio, 2023.

Cortés Viniegra, C., *Mírame, siénteme. Estrategias para la reparación del apego en niños mediante EMDR*, Desclée de Brouwer, 2017.

Dana, D., *La teoría polivagal en terapia. Cómo unirse al ritmo de la regulación*, Eleftheria, 2020.

Díez, S., «Tras el parto, la separación del bebé del cuerpo de la madre debe ser cero», *Cuerpomente*, 15 de julio de 2019, <https://www.cuerpomente.com/nos-inspiran/nils-bergman-separacion-bebe-madre-cero-metodo-canguro_4872>.

Fernández Txasko, O., *Sobrevivir a una madre narcisista. Cómo recuperarte de tus heridas infantiles y por fin desplegar tus alas*, 2020.

Foster, C., *Madres narcisistas: Cómo lidiar con una madre narcisista y recuperarse del TEPT-C*, 2020.

Gibson, L. C., *Padres y madres emocionalmente inmaduros. Cómo sanar y superar las secuelas. Herramientas prácticas para establecer límites y recuperar tu autonomía emocional*, Sirio, 2016.

—, *Hijos adultos de padres emocionalmente inmaduros. Cómo recuperarse del distanciamiento, del rechazo o de los padres autoinvolucrados,* Sirio, 2022.

Hernández Pacheco, M., *¿Por qué la gente a la que quiero me hace daño? Neurobiología, apego y emociones*, Desclée de Brouwer, 2019.

Kübler-Ross, E., *La rueda de la vida,* Vergara, 2018.

Lawson, C. A., *Understanding the Borderline Mother: Helping Her Children Transcend the Intense, Unpredictable, and Volatile Relationship*, Rowman&Littlefield, 2002.

Lougheed, J. P., P. Koval, y T. Hollenstein, «Sharing the Burden: The Interpersonal Regulation of Emotional Arousal in Mother-daughter Dyads», *Emotion,* 16(1), 2016, pp. 83-93, <https://doi.org/10.1037/emo0000105>.

Lyons-Ruth, K., y D. Block, «The Disturbed Caregiving System: Relations Among Childhood Trauma, Maternal Caregiving, and Infant Affect and Attachment, *Infant Mental Health Journal,* 17(3), 1996, pp. 257-275, <https://doi.org/10.1002/(SICI)1097-0355(199623)17:3<257::AID-IMHJ5>3.0.CO;2-L>.

Maté, G., *Cuando el cuerpo dice no. La conexión entre el estrés y la enfermedad*, Gaia, 2020.

McCurdy, J., *Me alegro de que mi madre haya muerto*, Urano, 2023.

Molina, R., *Tus microtraumas. Cómo identificar tus heridas emocionales para que tu pasado no condicione tu futuro*, Paidós, 2023.

Neufeld, G., y G. Maté, *Regreso al vinculo familiar. Protege a tus hijos,* Hara Press, 2018.

Pharaon, V., *Tu origen no es tu destino. Cómo romper con los patrones familiares transformará tu manera de vivir y de amar*, Diana, 2023.

Piñuel y Zabala, I., *Familia zero. Cómo sobrevivir a los psicópatas en familia*, La Esfera de los Libros, 2020.

Powell, B., G. Cooper, K. Hoffman y B. Marvin, *La intervención del círculo de seguridad. Cómo mejorar el apego en las relaciones entre padres e hijos mediante la intervención temprana*, Eleftheria, 2022.

PSISE (Servicio de Psicología Clínica del Desarrollo), Unidad de Observación y Diagnóstico Funcional, «La teoría del apego: Aportaciones de Bowlby, Ainsworth y Main», PSISE, s.f., <https://psisemadrid.org/teoria-del-apego/>.

Schwartz, R. C., *No hay partes malas. Sanar el trauma y recobrar la plenitud con el modelo sistemas de familia interna (IFS)*, Alianza, 2021.

Van der Kolk, B., *El cuerpo lleva la cuenta. Cerebro, mente y cuerpo en la superación del trauma*, Eleftheria, 2020.

Verny, T. R., y J. Kelly, *La vida secreta del niño antes de nacer*, Urano, 1988.

—, y P. Weintraub, *El vínculo afectivo con el niño que va a nacer. Un programa de nueve meses para tranquilizar, estimular y comunicarse con su bebé*, Urano, 2011.

Webster, B., *Sanar la herida materna. Descubrir a la madre interior y romper con la herencia patriarcal de dolor, vergüenza, sometimiento y silencio, que recibimos las mujeres de generación en generación*, Sirio, 2024.

Wolynn, M., *Este dolor no es mío. Identifica y resuelve los traumas familiares heredados*, Gaia, 2017.

Young, J. E., J. S. Klosko y M. E. Weishaar, *Terapia de esquemas*, Desclée De Brouwer, 2015.

AGRADECIMIENTOS

En primer lugar, quiero agradecerme a mí misma, por haber tenido la esperanza en que podría sanar y sostener el dolor de las heridas y la confianza para acompañar y escribir sobre ello.

Gracias a todas las personas que confían en mí para hablarme de sus miedos y dolores, sus anhelos y deseos en cualquier forma de contacto conmigo.

Gracias a las dos psicólogas más importantes que he tenido, M. y J., por haberme mirado sin juicio y con compasión y por haberme enseñado a hacerlo.

Gracias a mi supervisora, por descubrirme la terapia de los sistemas de la familia interna para seguir aprendiendo a tener una mirada cada vez más amable.

Gracias a mi marido, por haber elegido formar equipo conmigo, por su apoyo incondicional y ser paciente cuando sacrifico nuestro tiempo de ocio para leer y escribir, tareas que me aportan una gran satisfacción.

Gracias a Cristina, mi editora, por ser como una taza de chocolate caliente reconfortante para mis partes preocupadas y exigentes cuando dudo del valor que aporto.

Gracias a mi amiga Laia, por ser la mano que sostiene siempre cualquier proceso personal y profesional.

Y gracias a mis compañeras psicólogas perinatales Cintia, Ángela, Nuria y Andrea, que me brindaron la información necesaria para poder escribir algunos capítulos con más foco.

Y, sobre todo, gracias a ti, lectora. Por tu valentía y tu confianza en mis palabras. Espero con todo mi corazón que sientas que la sanación está más cerca que cuando empezaste este camino. Que tus heridas se conviertan en un recuerdo de que eres capaz de darte todo cuanto necesitas.